传统文化的传承与发展研究

刘 帅 陈 珏 张彩霞◎著

线装书局

图书在版编目（CIP）数据

传统文化的传承与发展研究/刘帅,陈珏,张彩霞
著.--北京:线装书局,2023.2
　　ISBN 978-7-5120-5372-4

　　Ⅰ.①传… Ⅱ.①刘… ②陈… ③张… Ⅲ.①中华
文化－文化研究 Ⅳ.①K203

　　中国国家版本馆 CIP 数据核字(2023)第 027806 号

传统文化的传承与发展研究
CHUANTONG WENHUA DE CHUANCHENG YU FAZHAN YANJIU

作　　者：刘　帅　陈　珏　张彩霞
责任编辑：林　菲
出版发行：线装书局
　　　　　地　址：北京市丰台区方庄日月天地大厦 B 座 17 层（100078）
　　　　　电　话：010-58077126（发行部）010-58076938（总编室）
　　　　　网　址：www.zgxzsj.com
经　　销：新华书店
印　　制：北京四海锦诚印刷技术有限公司
开　　本：787mm×1092mm　1/16
印　　张：10.25
字　　数：205 千字
版　　次：2023年2月第1版第1次印刷
定　　价：78.00 元

线装书局官方微信

前　言

中国作为四大文明古国之一，拥有悠久的历史文化。中国传统文化展示的哲学成就、史学辉煌、美学魅力、伦理境界、文学硕果、艺术宝藏、科技成就及文物古迹，是我们辉煌的历史，是人们谋求稳定、可持续发展的重要支撑。在社会不断发展的当下，我国要高度重视中国传统文化的创新传承与发展工作，充分发挥自身的重要作用，引领各行各业加强对优秀传统文化的学习和传承，推动我国文化产业建设和谐健康发展。

本书以"传统文化的传承与发展研究"为选题，探讨相关内容。全书共分为六章：第一章阐述传统文化的基础知识，内容包括文化释义、传统文化的发展演进、传统文化的特质与特征；第二章是传统文化的价值意义与精神，内容涉及传统文化的价值分析、传统文化的现代意义、传统文化的基本精神；第三章分析传统文化的传承现状与路径，内容涵盖传统文化传承的现状剖析、传统文化传承的总体要求、传统文化传承体系的建设、融媒体促进传统文化传承；第四章研究传统文化引领教育发展创新，主要包括传统教育思想解读、传统文化对教育产生的影响、传统文化教育的加强对策、从传统文化看学校教育发展；第五章探索传统文化的创造性转化和创新性发展，内容包括传统文化创造性转化的理论意蕴、传统文化创新性发展的实质与价值、传统文化进行"双创"的必要性、传统文化"双创"协同机制的构建；第六章论述传统文化与文化产业发展新思考，内容涉及文化产业的要素及其价值定位、传统文化与文化产业融合发展路径与实践、科技创新助推传统文化产业转型升级、手机媒体对传统文化产业的整合与创新。

本书体系完整、视野开阔、层次清晰，从价值、传承、教育、创新转化、产业发展等方向研究传统文化，推进文化自信的进一步发展，拓宽读者的思路，具有一定的指导意义。

笔者在撰写本书的过程中，得到了许多专家、学者的帮助和指导，在此表示诚挚的谢意。由于笔者水平有限，加之时间仓促，书中所涉及的内容难免有疏漏之处，希望各位读者多提宝贵意见，以便笔者进一步修改，使之更加完善。

目 录

第一章 传统文化的基础知识

第一节 文化释义

我们都知道，平日里时常挂在人们口头上的词汇，却往往是人们不能彻底说清楚的东西，如"人""人类""感情""艺术""美"，等等。"文化"也是如此，虽然常被人们言说，却是一个如同"空气"一般很难界定的范畴。可是，从文化资源和文化产业的学科建设角度出发，"文化"是一个无论如何都绕不过去的概念。那么，我们该如何认识这个非常关键的学术范畴呢？

一、文化的本质

虽然学界对文化的本质众说纷纭，没有明确的说法，但是目前普遍的说法认为，文化的本质是人化。

文化的出现不能脱离人类和社会的参与。对文化来讲，它不仅是人类在创造社会历史过程中出现的产物，也是人类在原始自然界创造的产物。因为这种特点，文化也具有了种类的区分，这也意味着人们在价值观念、思维方式以及智力水平等方面的不同。当然，人是处于变化过程中的，而文化却是一种亘古不变的抽象存在。从这方面来讲，文化显然不属于人类本质。人具有实践性的特点和社会属性，因此，对文化与人类两者关系的探究也应该以该特征作为出发点，并以人的理智、人的自我意识，以及人的本质方面作为考量因素，以此了解文化的本质以及人类与文化的关系。从这方面来看，本书认为文化是人类创造力、精神世界的来源，而人类同时也受文化延续性的影响。

当然，还有不同的观点。与上述观点相左的观点认为，文化应注重对自身的研究，而非从人的本质及两者的关系进行探究。该观点的认同者认为文化是不依赖人的独立的产物，不应与人的精神世界缠绕在一起，因此，这一观点也被称为用文化解释文化论。详细来讲，这种观点否认了人类与文化之间关系存在的合理性和现实性，将人与文化分开解释，进而探讨文化本身的内涵及继承性和延续性特点。无可否认，这种观点脱离了实际，因为文化与经济或政治等社会存在一样，与人类产生直接关系，假如文化脱离了人类，也就如同无源之水。

由此看来，人们对文化本质的了解需要从实际出发，对文化、人类两者之间的关系也应该从客观角度看待，并将其看成整体、多元的观念形态。就文化来讲，它的产生不能与人类脱离，也会受到固定形态下人的影响，因此，对文化的探究也需要关注艺术、风俗、品德、信仰及学识等部分，这些都是人类在社会环境下的产物，同时人类也可以通过直接或间接的方式影响文化产生，进而适应或改造自己所处的环境。

二、文化结构的层次

文化结构一般可以分为以下四个层次：

（一）心态文化

心态文化是人类物质和意识的统一体，也是人类精神文化的象征，对人类社会实践活动的长期渗透和意识形态领域的日渐升华，具有审美意趣、价值衡量、思维定性和系统性知识归纳的作用。形象来说，心态文化主要在社会学领域呈现出心理和意识形态两种方式。作为人类风貌的彰显和思想境界的启迪，心态文化在理论再造和融合大众对艺术的高标准上，彰显出了独特的艺术价值。社会意识经由系统加工再造，形成社会意识形态，并在文化领域由专家进行整理编撰、艺术再造，并不断以作品形式绽放，最终名留后世，芳泽千古。

（二）行为文化

行为文化是惯性思维和文化渗透的表现形态，在社会实践和人际交往领域中，行为文化源于生活的定性思维，极大程度地以地域性特征，呈现出了富有民风民俗的鲜明行为文化模式。

（三）物态文化

物态文化是人类物质生产与实践中，对活动和劳动产品的创造过程的统称。作为文化的一员，对人类的吃穿用度和发展所需等目标界定明确，并在和谐的自然界生物链中，对认识自然、利用自然、改造自然进行汇总，并创造社会生产力。物态文化具有可感知性、可创造性、可奠基性。

（四）制度文化

制度文化是一种规范体系，并以自身生存、社会发展为基础，在实践领域中，家庭、社会、上层建筑、经济基础为分项内容。

三、文化的特点

（一）文化与人的主体性

人的主体性决定文化的主体性。人是文化的创造者和主体，文化创造的过程，实质是主体客体化和客体主体化的辩证统一。能够参与各项实践活动的社会主体，也是文化发展的构成主体。文化实践活动的发展，与人的主体性密不可分。能够促进文化实践活动发展的主体个性，也和客体相互作用对应的自主创造性有着显著差异。人的主体性包括自觉性、自主性、自为性、创造性。人的主体性对文化的主体性起到决定作用。

第一，文化所具有的主体性表现为目的性能够和工具性有效统一。文化对于具备创造性的主体有着重要作用，也能为主体的综合发展奠定厚实基础。文化作为主体自由发展的必要元素，不仅可以充分表现主体的目的性，还能推动主体自身发展。

第二，文化的主体性体现为文化主体具有生产性以及消费性的协调。文化生产的目的是为了满足文化消费，文化生产可以视为一项具体举措，文化消费则可以理解为配套目的，为了促进社会主义文化繁荣，满足主体文化方面需求。消费是生产行动指南，在某种程度上，文化产品占有、生产与消费，正是主体生存模式的有机再现。

（二）文化的变化性

文化的具体内容也会根据所处时代不同而有所变化。不同时代的文化特征主要由当时的生产力水平决定，生产力水平决定社会结构，继而影响精神、政治的产生。由此看来，探究文化的时代特征应分析当时所处时代的社会结构，通过研究社会的发展来分析文化的发展。

（三）文化的时代性与进步性

文化的固有属性主要体现在文化的时代性特征方面。对这一属性来讲，它不仅决定了文化的内容，而且还影响了文化的表现形式。当然，文化也具有进步性的特征，体现了时代的先进性和社会的发展，遵循了历史发展规律，会跟随时代的发展而发生相应的改变。虽然处于任何时代或者社会形态的文化都具有时代性的特征，但这些文化也不全是先进性的，因为它反映了所处时代的情况，但反映的方面如果是先进的、符合社会发展方向的，那就是所处时代的精华。这主要是因为它们不仅可以反映出所处时代的发展方向，还能够体现该时代的主体部分，对某些问题的解决提供一定参考。

（四）文化的社会性、创造性

文化的本质是自然界虚拟化到自然的人化过程。文化来源于劳动，并在劳动中获得。人类社会环境离不开社会发展的大环境，因此，文化具有社会性、创造性，也以人类长期活动和实践为智囊团，在人类社会发展进程中，为人类共同拥有。一旦脱离社会生活领域，文化则被排除在外。中国古代的四大发明，是人类共同的、普遍的社会进步。

四、文化的功能

文化的功能是潜移默化的，无论是古代还是现代，文化的作用举足轻重，经济、社会等所有领域都是文化载体，是文化功能的体现。人类在日常生活工作中无不在运用文化的力量，用语言交流，穿着具有文化特色的衣物，使用具有文化特色的用具。

（一）认知与价值功能

独特的文化对应独特思维，在漫长的进化中人们形成相对稳定的思维方式和习惯，并继续传承。因此，赋予文化强大认知功能。现代的人类可以学习古今中外文化，通过各种知识提高自身能力，甚至有的人在学习前人知识后创造新的文化、新的历史。文化的更迭给人们带来新的认知。拥有五千年发展历史的我国传统文化，对现当代人类正在发挥重要价值认知功能。

文化是社会价值选择判断的指针。任何社会形态的文化，既有社会价值支撑，也蕴含社会价值判断，以维护社会稳定和引导其持续发展。在特定的社会环境下，人们通过接受各种形式主流价值观的教育教化，调整自身观念和行为，从而形成自身独特的行为方式和价值判断。

文化体系可以塑造个体兴趣取向与生存需求，这种取向与需求会成为社会评判的参考。因此，文化成为整个社会的"指示"系统，既规范社会成员的行为选，又塑造社会成员的道德理念，指引社会成员追求更为高尚的理性行为。

（二）创造功能

文化的发展过程是不断创新创造的过程。文化发展包括社会制度、人们的信仰、科技等，这些都是人类在现有文化中创新创造出来的，所以，文化具有强大的创造力。文化的创新，也是人类得以繁衍延续的根本。人类发展到现在早已不再是简单的追求遮羞防寒，而是含有许多文化精神。不同国家的服饰已成为特色文化的象征，寓意独特的文化精神和价值理念。

中国特色社会主义文化建设是一个传承与创新过程，不仅继承和发展中国优秀的传统文化基因和内核，还需要放眼全球、推陈出新。正是在正确认识和处理文化传承与创新基础上，中国特色社会主义文化才得以繁荣发展。

（三）社会服务与传播功能

文化的存在和发展是对现实社会状况的真实反映，同时具有对特定社会服务的功能。如中国特色社会主义文化建设，目的是实现和维护广大人民群众的根本利益，满足人民群众文化需求。因此，文化的性质决定文化服务方向。

文化具有生命力，随着人类自身活动不断传播、更新，文化传播在世界发展过程中起到巨大作用，文化传播和交流是文化发展的基本动力。人类的语言是文化传播的重要手段。语言的出现是人类文明发展中的里程碑，有了语言，人类可以通过这种表达方式传播文化。如中国丝绸之路，打破国界限制，各国文化在丝绸之路交融，是人类历史上最重要的文化交流。

五、文化与文明的发展

文化是人类在社会历史发展过程中所创造的物质、精神成果的总和，是一种从社会结构角度出发形成的概念。文化具体包括人类在社会历史长河中形成的风俗习惯、道德哲学、思想观念、行为规范、生活方式等内容，且借助特定象征、特定符号或语言形式进行传播。

文明是文化正向的发展成果，也反映了文化的内涵。在时代发展过程中，文明建设、发展需要通过文明的发展进程表现出来。然而，从社会形态这一方面来讲，文明、文化两者并不等同于一个概念，但却具有密切的联系。

在人类文明发展过程中，文化主要以观念的形式表现出来。物质是文化的载体，也可以变现为文化的内涵，因此与文化也密切相关。文化是社会实践的产物，而社会又包括经济和政治等方面，因此，这两者也能够体现文化的存在。文化的存在形式多种多样，其中，先进的文化可以促进社会发展，推动社会进步，反之阻碍社会发展和进步。对文明来说，它的发展程度可以评估一个国家的发展水平，衡量社会是否进步。当然，探究文明发展程度还可以评估该社会是否重视文化建设和文明发展，因为社会进步是由政治、经济、文明等各方面共同努力的结果，且文明具体又包括物质文明、制度文明及精神文明等。

社会制度和社会实践影响文化的性质，文明发展程度可以反映社会发展水平。对一个国家来讲，只有拥有发达的文化，才会拥有发达的文明。因此，一个国家在学习先进技术的同时，需要根据自身的实际特点和需求进行取舍，以促进本国文化的丰富和完善，也要关注文化的交流与学习，实现经济和文明双向的共同发展。

第二节　传统文化的发展演进

一、中国传统文化的内涵

"传统文化的形成是历史发展的产物，它随着历史的发展变化而发生改变并不断地延续保留。"[①]中国文化从孕育发生到恢宏壮大，有一个漫长而曲折的发展历程，这是物质文化、精神文化日臻丰富的历程，也是逐渐走向文明演进高峰的历程。这一历程根植特定的地理、经济和政治环境，正是这一特定的环境和条件，造就了独特而丰富的中国文化，滋养着一代代中国人。

中国文化是一个历史的、发展的概念，是因为古代的"中国"一词，是一个地域的、文化的概念。中国的"中"字，最早是指中部，而"国"字，本义是城邑。所谓中国，就是居于中部的城邑国家。中国的"中"字，最早是指中部，而"国"字，本义是城邑。所

---

① 王超阳.传统文化的信息可视化设计研究［D］.山西大学，2019.

谓中国，就是居于中部的城邑国家。中国文化产生于黄河流域，"从黄帝开始，直至北宋，沿黄地区的经济、文化发展一直走在中华民族的前列，华夏文明的政治、经济、文化中心也一直在沿黄地区。"① 中国文化经年累月发展，数次冲击、裂变、汇总，彼此作用，不时改良，最终融汇成中华文明。究其本源，在于中华文化超乎寻常的向心力，是中华文明长盛不衰的力量之源。

中国传统文化以传统文化思考方式为模范，通过不断发展演变，形成精神核心，并在思维观点、价值观、情感操守、生活习惯、典制文献、民风民俗、文化艺术、科教领域等方面展示出博大精深的文化内涵。

中国传统文化受中国文化和中华民族发展特性的影响，具有多元化、一体化特性，由此也决定了其博采众长、百家争鸣的智慧特点。该特点诞生于中国传统文化的形成和发展中。中国传统文化受此影响，须在不同历史时期汲取营养，自我改革和完善，及时融汇其精神要旨，以满足社会化发展要求。中国传统文化在人们持续发展上获得了极大成功，并在世界范围内经久不衰。

二、中国传统文化产生基础

（一）地理环境基础

"中国传统文化的产生和发展，都离不开孕育它的特定的文化生态环境"。② 中国的地理位置较为优越，气候温和，又位于全球最大的陆地——欧亚大陆的东部和全球最大的海洋——太平洋的西岸，西南距印度洋也不远，季风气候发达。温度和水分条件配合良好，为农业的发展提供了良好的条件。

1. 这种半封闭的地理环境和相对良好的气候，为中国古代农业文明的起源、发达以及与其相适应的人文哲学思想的生成、发展创造了条件。在这种相对发达的农业文明社会里，人们适应了日出而作、日落而息的生存方式，也养成了中华民族重农、尚农的社会共识，重实际而黜玄想的务实精神，安土乐天而缺少竞争的生活方式。

2. 它助长了华夏中心主义的思想，把"天下"视为中国，是中国能够长期维持大一统局面的思想基础，也是中国能够在长期复杂的历史发展过程中，不断发展、壮大的原因之一。

3. 这种相对隔绝的地理位置，形成了中国文化的"保护反应机制"。幅员辽阔、回旋余地宽广的地理环境，使中国始终保持着自己的文化风格和传承体系，使中国文化具有超强的连续性和稳定性。中国的中原文化则像一个巨大的雪球一样越滚越大，同化了周边地区的相对滞后的文化并且带动着农业文明同步发展。

---

① 翁淮南、黄河：中华民族的根和魂［J］. 炎黄春秋，2022（03）：52-58.

② 杨学印. 论中国传统文化的基本特征［J］. 辽宁教育行政学院学报，2006（03）：37.

（二）经济基础

人类文化的类别大致有游牧、农耕、商业三种类型。其中，农耕文化可自给自足，无须外求，文化特性表现为和平性。中国古代统治者深知农业繁荣是国固邦宁的根基所在，都把农业作为立国之本，加上农耕工具的改造和耕作技术的提高，极大地促进了农业文明的发展，为传统文化的产生和发展提供了经济基础。

中国农耕经济不仅塑造了国民的性格和生活方式，而且对中国文化的持续性、包容性等都产生了重大的影响。

1. 中国农耕经济的持续性造就了中国文化的持续性。自从夏、商、周三代以来，中国的农耕社会经历了无数次大大小小的天灾人祸的考验，始终未曾陷入难以克服的困境，而循环式的复苏和进步则周而复始，使农业自然经济得以长期延续。农耕经济的持续性造就了中国文化的持续性，传统农业的持续发展保证了中华文明的绵延不断，使其具有极大的承受力、愈合力和凝聚力。

2. 中国农耕经济的多元成分结构，促成了中国文化兼收并蓄的包容性格，彰显了强健的生命延续力。中国不同区域文化的格局导致了中国文化的多元结构，然而随着中国农耕经济的周边扩展，中国文化的包容性格，又促使这些区域文化相辅相成，渐趋合一。

3. 农耕经济的多元成分结构，促进了中国封建社会经济的充分发育，造就了灿烂辉煌的中国古代文化。

三、中国传统文化的发展历程

（一）先秦：从文化萌发到百家争鸣

夏、商、西周至春秋战国时期，奠定了中国文化的基本构架，后来影响中国文化乃至整个东亚文化达 2000 多年的许多特征，在此阶段已初步显现。

1. 夏朝：废禅建制

远在公元前 21 世纪，也就是 4000 多年前，夏朝建立起来了。夏本来是一个部落的名称，以善于治水闻名。禹因治水有功而被拥立为部落联盟首领。从此，夏部落日益强盛起来。禹去世后，禹的儿子启公开破坏"禅让制"，继承父位，自称"夏后"，这是我国历史上第一个国王。"禹传子"，说明"世袭制"代替了"禅让制"，"公天下"变为"私天下"，这是国家形成的一个信号，也是我国从原始社会过渡到奴隶社会的标志。

2. 殷商：神本文化

商人在长期定都的条件下，文明水平有了显著提高。文字、典籍、青铜器以及"殷"这座目前所确认的中国最早的古都，标志着古代中国已跨入文明社会的门槛。从已有的文献资料记载及前人的研究成果可以看出，商人尊神重巫，表现出强烈的神本文化的特色。《礼记·表记》中载："殷人尊神，率民以事神，先鬼而后礼，先罚而后赏。"这就是殷商这种神学观念的具体体现。

随着商周之际的社会大变动，人们的实践经验日益丰富，智力、体力水平不断增进，对神的力量的崇拜渐次减弱，对自身能力的信心与日俱增，于是，以神为本的文化逐渐向以人为本的文化过渡。

3. 周朝：文化维新

对中国文化的发展来说，周朝入主中原，具有决定文化模式转换的重要意义。公元前11世纪，周取代大邦殷，确立宗法制、分封制和礼乐制。

（1）周人确立了兼备政治权力统治和血亲道德制约双重功能的宗法制。宗法制深深地影响了中国社会，其强调伦常秩序、注重血缘身份的基本原则与基本精神却依然维系了下来。

（2）周人确立了把上下尊卑等级关系固定下来的礼制和与之相配合的情感艺术系统（乐），即"制礼作乐"。周代的礼制是周代制度文化、行为文化和观念文化的集中体现，它既是典章制度的总汇，又是政治生活、经济生活、社会生活、家庭生活各种行为规范的准则。周人之"礼"包含形式与内容两方面。从形式来看，"礼"包含各种礼节和仪式，人们都要严格遵循合乎其等级身份的礼节仪式，以体现君臣、父子、兄弟、夫妻的上下尊卑之别。礼的内容：①"亲亲"，贯彻血缘宗族原则；②"尊尊"，执行政治关系的等级原则。周代礼制的主旨就是"别贵贱，序尊卑"，以保证国家的长治久安。

周人所确立的"礼"，为后世儒家所继承、发展，以强劲的力量规范着中国人的生活行为、道德情操和是非善恶观念。中国传统的"礼文化"或"礼制文化"即创制于西周。

4. 春秋战国：文化的"轴心时代"

春秋战国是一个礼崩乐坏的时代，传统礼制逐渐解体，新的法制逐渐形成，社会处于大变革时期，反映在社会上层建筑方面，两个突出而明显的特点包括：一是传统的"世卿世禄"的等级制度迅速走向衰败；二是"学在官府"的局面已经开始崩解。但春秋战国时期也是文化辉煌的时代，最根本的原因是社会大变革的时代背景为各个阶级、集团的思想家们发表自己的主张、进行"百家争鸣"提供了历史舞台；同时，它也有赖于多种因素的契合。

（1）礼崩乐坏的社会大变革，将原本属于贵族最底层的士阶层从沉重的宗法制羁绊中解放出来，在社会身份上取得了独立的地位，而汲汲于争霸事业的诸侯对人才的渴求，更助长了士阶层的声势。士的崛起，意味着一个以"劳心"为务、从事精神性创造的专业文化阶层形成，使中华的物质生活与精神生活受到了深刻影响。

（2）激烈的兼并战争打破了孤立、静态的生活格局，文化传播的规模日盛，多因素的冲突、交织与渗透，提供了文化重组的机会。

（3）士阶层创造性的精神劳动，为道术"天下裂"提供了前提条件。当时诸侯各国致力于富国强兵，对学术研究采取宽松的政策。特别是战国时期，各诸侯国对"士"往往都采取宽容的政策，允许学术自由。这就为"士"著书立说、发表个人的意见创造了良好的条件，从而大大促进了战国时期的思想解放。

（4）随着周天子"共主"地位的丧失，"天子失官，学在四夷"，使原来由贵族垄断的文化学术向社会下层扩散，下移于民间，打破"学在官府"的局面，致使"私学勃兴"。孔子虽非私学的首创者，但孔子作为平民阶级的思想代表，所创立私学规模最大、影响最深，这对冲破"学在官府"、贵族垄断文化的局面，促进"学在民间"的文化下移，广泛传播文化，推动历史前进，具有明显的积极作用。

正是如上种种条件的聚合，为中华民族的精神发展创造了一种千载难逢的契机。气象恢宏盛大的诸子"百家争鸣"，正是在这样的文化背景下应运而生的。

所谓"百家"，当然只是诸子蜂起、学派林立的文化现象的一种概说。对其间主要流派，古代史家屡有论述。西汉司马谈在《论六家要旨》中提出："夫阴阳、儒、墨、名、法、道德，此务为治者也，直所从言之异路，有省不省耳。"也就是说，尽管阴阳、儒、墨、名、法、道德家，他们所建立的学术体系有不同，但都是以"救时之弊"——以社会的治理为目的的。

（二）汉唐：从思想统一到文化隆盛

公元前 221 年，秦王嬴政完成了统一大业，中国历史上第一个专制主义君主集权的统一帝国——秦王朝建立。秦朝统治者在统一帝国的同时，还致力于文化的统一。其统一文化的措施固然以强化专制君主集权政治为目的，同时也有力地增进了秦朝各区域人们在经济文化生活乃至文化心理上的共同性，从而为中华文化共同体的最终形成奠定了坚实的基础。秦朝的文化统一，还包括思想学术上的统一，而这种统一，对中国文化其后的历程影响至深至巨，即"焚书坑儒"。

汉武帝"罢黜百家，独尊儒术"后，儒家经典覆盖政治、思想、文化各个领域，但是，由于学术派别不一，经学内部爆发出今古文之争。概要说来，今文经学的特点是政治的，讲阴阳灾异，微言大义。古文经学的特点是历史的，讲文字训诂，明典章制度，研究经文本身的含义。前者主合时，后者主复古。前者学风活泼，而往往流于空疏荒诞；后者学风朴实平易，但失之烦琐。

儒家思想成为 2000 多年来中国古代社会的正统思想，经学是儒家思想的核心，可见经学对中国传统思想文化影响之深远。在汉唐时期，以经学治国，通经可以为仕，因此，儒家经学渗透到政治、思想、学术、文化等各个领域。

尤其是学校教育和科举考试，几乎都是以经学为基本内容和重要标准，经学成为历代统治者维护其统治的精神支柱。同时，经学也严重抑制了新思想的萌芽，阻滞了科学技术的发展。

（三）两宋：理学建构与市井文化勃兴

1. 理学的建构

理学的建构，作为宋代文化的第一个重要标志。宋明时期，儒学吸收佛道思想，从理论上进一步得到完善，形成一种新的理论形态——理学。宋明理学是高度哲学化和政治伦理化的儒学，是儒学发展的最高理论形态，是儒学发展史上的鼎盛期。

两宋理学，不仅将纲常伦理确立为万事万物之所当然和所以然，亦即"天理"，而且高度强调人们对"天理"的自觉意识。为指明自觉认识天理的途径，朱熹精心改造大学者贾逵、服虔等汉儒编纂的《大学》，突出了"正心、诚意"的"修身"公式："古之欲明明德于天下者，先治其国；欲治其国者，先齐其家；欲齐其家者，先修其身；欲修其身者，先正其心；欲正其心者，先诚其意；欲诚其意者，先致其知；致知在格物。"从"格物"到"致知"，实质上将外在规范转化为内在的主动欲求，亦即伦理学上的"自律"，有了这一自律，方有诚意、正心、修身乃至齐家、治国、明德于天下的功业。

词起源于市井歌谣，因文人介入而趋于雅化。词侧重音律和语言的契合，造境摇曳空灵，取径幽约怨悱，寄托要眇怅惘，极为细腻，极为精致。宋词雅，宋画也雅。苏轼在《跋宋汉杰画山》一文中提出"士人画"这一观念，强调融诗歌、书法于绘画之中，以绘画来表现文人意趣。以此文化心理为总背景，两宋绘画富于潇洒高迈之气与优雅细密、温柔恬静之美。

2. 教育和科技发达

教育和科技发达是两宋文化另一个重要内容。

（1）从教育来看，宋代官学系统有两大特色：

①在学校教育制度上等级差别不断缩小，如官学向宗学转化后无问亲疏，国子学向太学转化后无问门第，这样一种变化无疑有利于低级官僚子弟乃至寒门子弟脱颖而出。

②重视发展地方学校，至北宋末期，地方州县学发展到高峰。教育的发展与深刻的变革使宋代整个社会的文化素养超过汉唐，宋文化繁盛的基础正在于此。

（2）从科技来看，指南针、印刷术、火药武器三项重大发明创造是宋代科技最为突出的成果。北宋贾宪、南宋秦九韶在数学领域做出了具有世界领先水平的贡献。百科全书式的人物沈括"于天文、方志、律历、音乐、医药、卜算无所不通，皆有所论著"（《宋史·沈括传》），且创见迭出。天文学、地理学、地质学、医药学、冶金术、造船术、纺织术、制瓷术等方面也都有令人瞩目的成就。在此前后的任何一个朝代，无论是科学理论研究，还是技术的推广应用，比起两宋都大为逊色。

（四）明清：文化专制与西学东渐

明清是中国君主专制制度登峰造极的时代，文化专制空前严酷地钳制着思想文化界。

明清两代的文化，一方面是文化专制主义空前强化，程朱理学占据统治地位；另一方面，与社会形势的变化相适应，又出现了具有市民反叛意识的早期启蒙思潮。

明代中后期市民文学的兴起，其理论代表是李贽的"童心说"和公安派的"独抒性灵"，其代表作品为长篇小说《金瓶梅》、短篇小说集"三言""二拍"等，也是城市发展和某些新的生产方式萌芽的社会现实的反映。生动活泼、富于民间生活情趣的市民文学，较之明代前期内容空虚、徒具华丽形式的"台阁体"文学，以及前七子、后七子的"文必秦汉、诗必盛唐"的文学复古运动，都是一个巨大的跃进。至于清代出现的《儒林外史》《红楼梦》等作品，则在更大的广度和深度上揭露了封建制度的弊端，将古典现实主义文学推向高峰。

明清时期最富于战斗精神的政治哲学著作是黄宗羲的《明夷待访录》和唐甄的《潜书》，黄宗羲、唐甄用扩大相权、限制君权、提倡学校议政等办法来修补封建专制制度。这时，明清两代进入了中国古典文化的总结时期。在大型图书的编纂方面，《永乐大典》被公认为世界上最早、最大的一部百科全书。《康熙字典》是世界上最早的字数最多的字典。《四库全书》是迄今为止世界上页数最多的丛书。在科学技术巨著方面，李时珍的《本草纲目》、潘季驯的《河防一览》、徐光启的《农政全书》、宋应星的《天工开物》、徐霞客的《徐霞客游记》、方以智的《物理小识》等都是封建社会中晚期科学成就的高峰。在学术方面，清代乾嘉学派对中国传统学术文化的承传不坠以及向前推进，做出了不可抹杀的贡献。

明末清初，利玛窦、汤若望等欧洲耶稣会士东来。他们不仅给中国人带来了自然科技，还打开了部分中国士人的眼界。近代科学思维的重要特点是实证方法和数学语言，徐光启、方以智等人，通过接触西洋近代科技知识，重视"质测之学"和数学语言的应用，初步显示出近代科学思维的风貌。遗憾的是，由于宗法专制社会政治结构的强固以及伦理型文化传统的深厚沉重，"西学东渐"的过程在明末清初进展缓慢。到了雍正年间，随着耶稣会士被逐出国门，"西学东渐"几近中断，中国对外部世界的大门日益关闭。

明清时期采取的封闭态度，使文化走向了衰落，未察觉世界格局的嬗变，导致中国文化在血与火中蜕变与新生。

第三节　传统文化的特质与特征

一、中国传统文化的特质

（一）推崇人与自然和谐的思想

中国文化推崇人与自然和谐统一，如中国古代的荀子所言"明于天人之分"和"人能胜乎天"（《荀子·天论》）。中国古代的思想家重视文化中天人和谐统一性，并遵循天理与人性、天道与人道、天与人的共融互通，强烈反对把天和人割裂、对立起来的观念与做法。中国传统文化中积极意义体现在将天人和谐确定为人生处世的理想目标。

（二）贯穿以人为本的人文精神

中国的传统文化讲究以人为本，历朝历代的贤明君主的统治思想总结为重生重德，以谋求百姓的生活安定，每个人都可以将自己的生存之道与现实生活紧密关联，实现自身人生价值。

社会需要与之匹配的一整套道德规范，使个体扮演一定的角色，并履行一定的义务，个体与个体之间相互影响、相互约束，使得社会生活得到有序运转，从而实现各自的人生价值，而整个社会也因此而显得稳定有序。

（三）极强的生命延续力

中国的古代文化在世界范围内，历史发源并非最早，不过称得上最为古老的文化之一，尤其相较于世界上其他古老文明及文化，中国的传统文化展现出极强的生命力，这种生命力历久弥新，作为独具中国特质的文化类型在世界文化之林灿若晨星。

（四）非凡的包容精神

中国传统文化在发展中具有一定的包容性，使得文化在包容及创新中得到健康快速发展，而这种精神源自诸子百家文化，受到最大影响的是兼容并蓄的学术主张。因此，文化在吸收及融合过程中历经千年，并没有改变中国文化的基本特性，这是区别于其他文化的独特之处。这种外来文化中国化的过程中，得到丰富及充实的是传统文化，也大大丰富了其他的文化，比如舞蹈、音乐、绘画、雕塑等；引入了印度梵文，使得音韵学在中国形成，使中国的文学作品具备一定的境界。

二、中国传统文化的特征

（一）经学是治学之根本

经学的产生可追溯至汉代，而"经"在中国古代文化中，有着不可更改、不容置疑的权威性。早在西汉时期，统治者将"以经取士"作为选官制度的标准，甚至鼓励读书人做学问从"经"始。后来，传授经典和注解经典都成为专门的学问，经学便应运而生，成为官方哲学，横亘汉代至清代历史时代。

经学所涉内容广泛，故有六经之说，其中包括人文科学及其他自然科学。所以，经学是与自然科学相融合的，自然科学受到儒家经学中理性主义及一些思辨方法的影响，为自然科学提供一定的借鉴依据，但是，由于经学属于成套文化体系，容易排除科学的独立性，不利于古代自然科学的发展。

（二）中庸是基本处世之道

"中庸"是儒家最高的道德标准，儒家将其作为为人处世之道，并贯穿于中国古代传统观念始终。中庸的"中"，有中正、中和、不偏不倚等义；"庸"字是"用"的意思，"中庸"即"中用"之意。因此，中庸是中和两个极端，立场保持中立。站在历史的角度，在孔子之前，有人提倡了中正平和的思想。比如尧让位于舜，强调的是治理社会要公正、执中。另外，在《周易》中，"尚中"的观点也有所体现，因此，它意味着事情只要没有走到极端，通常不会出现不利的局面。而到了春秋时期，中正平和的思想进一步扩展到其他领域。

（三）德行修养是安身立命之本

格物、致知、诚意、正心、修身、齐家、治国、平天下，这是中国传统文化中的修养理论，其中，修身是指将格物、致知、诚意、正心作为修养功夫，修身是目的；而修身的必然结果是齐家及治国。因此，人的立身之道是修身，立国之道同样是修身。德行修养理论在传统文化中，重在强调个人道德修养对社会生活的重要作用，这显然是非常合理的。正因如此，在中国历史上出现了诸多志士仁人，他们身上都有着同样的特质，那就是将道德理想追求定义为崇高德行。中华历史及现实受到这种道德理想的深远影响。

（四）义利合一是基本价值追求

"义"是指道义，而"利"则指利益，一般多指物质利益。追求义利合一是中国传统文化中基本的价值思想，它是在古代思想家们漫长的义利之辩的争论中逐步形成的。中国传统文化长期受到正统儒家思想的影响，在义利统一的问题上，重义轻利或尚义反利的思想始终作为一个传统长期延续，中国文化因为这一传统使得中国古代社会得以更好地延续及稳定，赋予中国人道德至上，对人格、气节等加以重视的品质。

（五）直观意象是基本的思维方式

中国传统文化在思维方式上，能够以更加直观的方式对思维方式进行直接把握及体悟，而各种学说的认识论都带有这一思维的特点。重视意和象的融合，一种独特意境的营造须对意象形成之后进行强调，因此，中国传统文学艺术中，对意象艺术的营造就是中国艺术。

"意在笔先，画尽意在"，这是中国画所强调的，中国画主要的描绘对象是主观的意义和象征。因此，中国的书法艺术更是意象艺术，书法之美也正是意象之美。中国的诗歌是借象寓意，借景抒情、情景交融，追求意和象、意和境的极致。中国的文学艺术则偏重象征、表现、写意，追求美与善的统一。因此，中国古代艺术家们受到以上特有的文学艺术的熏陶及传统的规范影响，创作出大量丰富多彩、意味隽永的艺术作品。

（六）耕读传家是根本的治家之道

治家之道在于耕读传家，这是在古代中国家国同构的社会结构下形成的核心思想，其中的"耕"是指农耕，"读"则是指读书。耕读观念伴随中国封建社会的发展，历经

2000 多年。

以农养天下、以士治天下这是中国古代社会的基本结构，将农业作为社会发展的根基，而且在历朝历代统治者看来，重农是兴国安邦的基本精神。比如《吕氏春秋》里讲，"霸王有不先耕而成霸王者，古今无有"。因此，自春秋战国后，君主既定的兴国之策是重农。另外，在君主统治者看来，读书人对治国安邦起到十分重要的作用，为此通过各种方式将优秀的读书人纳入统治阶层中，御赐官位，委以重任。长久以来，统治者推崇的"重农耕、尚读书"的思想延伸至民间社会，从而形成中国家庭"耕读传家"的基本观念。

中国早已有崇尚农业的文化，将农桑作为人的生存之道。《周易》里讲，"不耕获，未富也"。而重农抑商的政策则自秦朝后开始被历代统治者推崇，人们与土地紧密相连，天下百姓的根本生活手段便是农耕。在这种观念的驱使下，即使腰缠万贯或身居官位的人，也都会购置一方田产以供生存，因为这是相比较其他，最为稳妥的生存手段。

尽管人们的生存基础是农耕，不过人们若要取得成就，获得财富，获得名利的正道是读书。如孟子所言："士之仕也，犹农夫之耕也。"意即读书如同农耕，都是人们安身立命之道。由此可见，耕读传家雅俗相辅相成，这在中国古代传统文化中作为一种生存智慧而存在，在重农尚仕的社会之中，古人将其作为最好的治家方式，也因此，传统文化中植入了耕读传家的治家观念，数千年历久弥新。

第二章　传统文化的价值意义与精神

第一节　传统文化的价值分析

中国传统文化源远流长、博大精深，不仅在中国古代社会中发挥着巨大的积极作用，并且对我国现代社会有着重要的价值。

一、精神维系价值

中国优秀传统文化是我们的"文化根脉""文化烙印""精神命脉"和"精神基因"，中国人无论身处何时何地，都不能抛弃和丢失这种基因和命脉。中国优秀传统文化是中国人民的精神家园。即使在全球化不断深入的今天，中国传统文化依然对中国人民和海外华人具有重要的精神维系价值。

二、凝聚价值

从根本上看，中国优秀传统文化是中国发展壮大的一个根本优势，因为这种文化传统始终能够把中国人民凝聚在一起，带给中国人民以文化自信，从而成为中国重要的文化软实力，充分展示着中国的国家形象。正是因为拥有中华文化这一强大力量，我们才能够聚亿万人民磅礴之力，获得广阔舞台，走出独特道路，具有强大定力。这些论见深刻揭示了中华文化在增强国家综合实力和提升国际竞争力方面所发挥的关键性作用。

三、传承与创造价值

中国传统文化具有独特的价值体系，可以为社会主义核心价值观建设提供宝贵资源。当代中国社会主义核心价值观，既要彰显社会主义本质，又要传承中国传统文化，也要吸纳世界文明有益成果。对历史文化特别是先人传承下来的价值理念和道德规范，要坚持古为今用、推陈出新，有鉴别地加以对待，有扬弃地加以继承，努力用中国创造的一切精神财富来以文化人、以文育人。

四、艺术价值

下面以汉字为例，解读传统文化的艺术价值。汉字是一个服务于文化表达的书面符号系统，是中国社会多姿多彩的投影，汉字可以反映中国人民从心理、礼俗到生活习惯的许多情况，提供了解中国社会和文化发展的许多线索。所以，汉字在一定程度上直接、间接地表现了古代中国人的思想特点和思维方式。

汉字在其产生的初始形态上反映着中国人对自然美法则的认识及其非凡的表现力。汉字的形象是宇宙万物与人的生理、心理同形的。人们从这些形象中，观照到自己的力量、智慧、才能，看到了"人的本质力量"而引起精神愉悦。

"形美"是汉字重要的审美特质，其独特的美学价值植根于汉字与生俱来的象形性。中国自古以来就有所谓"书画同源"之说，汉字直接脱胎于图画。"近取诸身，远取诸物"是早期汉字的构形原则。多数象形、指示、会意字都是由原始的文字画演变而来。甲骨文、金文中大量的象形字，就是画出一个物体，让人可以通过看就了解其表现的内容。因此，可以说汉字结构的基本特征就是以象形字为全部汉字的基础，"象形"统摄着六书，几乎渗透于所有汉字的字形。中国先民具有直觉思维的特点，善于接受大自然的启迪，人与自然的和谐关系就通过汉字间接地折射出来了。

汉字还使我国产生了某些独有的艺术，如"对联"，俗称"对对子"，像天对地，雨对风，山花对海树，大陆对长空之类，就是利用汉字的各个独立，音节分明，声调匀称，相对整齐排列的特性而形成的一种语言形式。又如汉字丰富多彩的字体和形体，加上独具一格的书写工具和材料，经过我们祖先长期的创造和努力，使得它的书写成为世界上一门特别的艺术——书法。汉字笔画千姿百态，它所表现的美，可概括为"运动美、力量美、速度美、浑厚美、犀利美、飘逸美、舒缓美"。运动美、力量美、速度美这三种美是事物内在的美，必须借助一定的形式才能体味；浑厚美、犀利美、飘逸美、舒缓美这四种美是事物外在的美，是形式本身具有的表现。另外，各种美又往往互相交融，体现于同一艺术形态中，水乳交融，共同构筑了不同的汉字。其中，篆书的字体最具典型性，其中，篆书在各种字体中对称程度最高，最具象形性，字体结构是相映成辉。

此外，"汉字不仅是作为文字进行体现，在现代，汉字更是以一种艺术元素的面貌向世界展示出不一样的中国特色文化内涵，很好地呈现了汉字艺术的独特视觉魅力"。[1]例如，汉字由于形体各异，图像性强，便于立体辨认和接收，所以，阅读汉字读物的速度可以远远超过其他拼音文字。汉字和其他文字比较起来，汉字由于其形、音、义的合一，所能携带的信息量是大为领先的。简言之，在一定的信息总量中，汉字只需要较少的字数就可以负载完。

总之，追求真、善、美是全人类共同的理想，凡是美好的事物，都会激起人们高尚的

---

① 孙慧良，梁倩．汉字艺术在文化创意产品设计与开发中的研究 ［J］．家具与室内装饰，2020（12）：86.

情操。汉字作为世界上最优美的文字之一，同时负载了大量的文化信息和审美信息。它的形体所体现的结构美和字体的风格美，使汉字的审美艺术魅力在世界文字的舞台上焕发出更蓬勃的生命力。

五、治国理政价值

中国传统文化中不但积淀着精神追求，也汇聚了历朝历代治国理政的政治智慧，如"民惟邦本""政得其民""为政以德""德主刑辅""礼法合治""治国先治吏""为政之要莫先于得人""改易更换""正己修身""居安思危"等传统治国智慧。积极吸纳中国传统政治智慧的同时，还将其创新发展，有效地运用于当代中国的国家治理实践中。

第二节　传统文化的现代意义

一、传统文化现代意义的体现

传统文化的现代意义就是可以科学、合理评价传统文化，以客观理性的角度，对中国传统文化做如下概述性的评价：

（一）统一性与多样性的对立统一

正确理解中国传统文化中这种统一性与多样性的对立统一，我们就可以多方面、多层次、多角度地开掘这一文化所内蕴的现代意义，为建设适应社会主义现代化的新文化服务。

1. 从内容上看，中国传统文化中既有对自然界的认知，又有关于社会人文的、经济的、科学技术的思考，其中无疑包含或多或少的合理而深刻的认识，这是中国人民的共同精神财富，不能因为强调封建社会意识形态的阶级性而对其合理性也加以否定。

2. 从中国传统文化的时限上看，中国文化有古代的传统，也有近代的传统。

3. 从文化层面上看，人文的价值追求既有哲学的、道德的价值追求，又有个人生命的、科学技术的、文学艺术的、终极关怀的价值追求。所以，评价中国传统文化，如果仅仅局限于某一种领域或方面，往往会失之偏颇。

4. 从传统文化的学术派别上看，先秦时期就产生了儒、墨、道、法、阴阳、名、兵、农等诸子百家，在以后的发展中又有彼此的会通、融合和衍化，形成了新道家、新法家、新儒学及佛、道文化等。

（二）连续性与变革性的对立统一

中国传统文化的连续性，在世界文化发展史上是独一无二的。由远古文化到夏商周的三代文化，中国传统文化已表现为一个长期发展、不断积累的过程。中国传统文化的延续性是惊人的，但它与变革性却并不对立。事实上，中国传统文化发展的这种连续性本身就是一个在传统的基础上不断创新的变化过程。

在中国传统文化发展的历程中，不同时代的思想家的每一次创新都是以传统为根基的，而每一次创新的思想文化成果又构成传统的新的组成部分。中国传统文化的这一发展规律，一方面可以消除我们在理解传统文化时把传统等同于守旧的偏见；另一方面更为我们今天研究传统文化的现代意义提供了方法论的启迪。

（三）独立性与融通性的统一

中国传统文化的独立性既指这个文化的主体是中国人自己独立创造的，也指这个文化在自己发展的历史中较早地形成了自己独特的体系。

中国传统文化作为一种本土文化源于远古时代，从这个时候起我们不仅有着独特的汉字语义和语音体系，而且还以这种方块汉字为载体独创了自己的哲学、道德、文学艺术的学术思想体系，形成了华夏独有的礼仪典章制度、风俗习惯和性格心理，建立了独一无二的诸如中医学那样的医学理论体系。我们还有着独特的虚拟写意的戏曲艺术、气韵生动的中国书画，工整对仗、情理交融的楹联艺术等。但中国传统文化与世界文化的发展又不是毫无关联的，它对许多外来文化又有着很强的吸纳和融会贯通性。如果我们仔细考察一下唐代文化繁荣的原因就可以发现，传统文化对外来文化具有非凡的吸纳力和交融贯通性是一个非常重要的原因。

对中国传统文化独立性与融通性对立统一特性的认识，至少向我们启示了，在对传统文化现代意义的认识过程中，既要吸纳和融通外来文化，同时又保持本土文化的主体性地位，正是中国传统文化能不断发展并始终充满活力的奥秘之所在。

二、传统文化现代意义的开掘原则

1. 彻底批判与摒弃的糟粕。面对传统文化必须持彻底的批判态度，对遗留于现实社会的沉渣和糟粕，应当坚决予以抛弃。

2. 以时代发展为依据扬弃糟粕与精华并存的成分。传统文化不仅只是封建文化，是因为内容往往是精华与糟粕并存的，因而在开掘其现代意义的过程中，我们必须特别注重取其精华去其糟粕。因此，我们在重新评价和运用这一些传统观念时，一定要赋予它们崭新的时代内容。

3. 优秀遗产需要继承并大力弘扬。在中国传统文化中还有一部分是不为封建社会形态所特有而与我们中国的整个历史共存的积极成分。这些积极成分作为传统文化中的优秀遗产无疑是我们必须积极继承并大力弘扬的。中国自古以来就有悠久的爱国主义传统，有注重人际关系和谐的传统，有一贯尊重事实的求实精神，有强烈的自尊心、自信心，有勤奋、勇敢、吃苦耐劳的美德，有百折不挠、愈挫愈奋的抗争与自强精神。这些传统并不仅与农业文明同始终，而是我们过去、现在和将来始终需要的永恒精神。这些精神有匡补时弊之功效。因而，传统文化中的这些积极成分过去哺育了我们的祖先成长，今后也将伴随着我们的后代走向未来，它无疑是传统文化中应当继承的宝贵遗产。

概括地说，中国传统文化中具有积极意义和恒久价值、应当深入开掘和发扬光大的，主要有两方面的内容：①体现和表达精神的内容；②扬善抑恶，注重人格和道德修养的伦理精神和人生价值观念。但需要指出的是，即便是对传统文化中的这一部分内容，我们也应该在立足于继承的同时，注意清除其中的封建主义痕迹，而补之以具有时代精神的先进内容。

传统文化是我们成为文化人的主要依据，每个人都借着传统文化在现实社会里成长。传统文化究竟是导致社会的进步还是退步，实际上完全取决于我们自己。其实，在建设新世纪的新文化过程中，我们最大的问题并不在要不要传统文化，而在于能否辩证地看待传统文化，能否把传统文化的现代意义充分发掘出来，从而创造出一种既适应于现代化建设又能够积极推动精神文明进步的新文化。

第三节　传统文化的基本精神

中国传统文化中的思想观念或固有传统，成为历史发展的思想源泉，是人们持续发展的精神动力，或者说是中国发展的精神支柱，对中国社会的发展，对中国的成长壮大，起着极其重要的推动作用。

一、中国传统文化的基本精神含义

文化在不断演变中发展，其基础精神是文化发展过程中的内在动力，也即是指导传统文化不断前进的基本思想，是文化体系中处于核心地位的基本观点，它是相对文化的具体表现，如社会制度、器物、行为、观念等而言的。

文化精神，就是推动和指导着人们实践的思想，亦即世界观和人生观，是中国传统文化中固有的具有广泛影响和推动作用的包括社会观念、哲学思想、价值观念等在内的积极的社会意识，属于观念形态的范畴。中国传统文化的基本精神，凝聚于文化传统中，在价值取向上属于优秀的部分。

（一）广泛影响的思想观念

中国传统文化的基本精神体现着中国特定的价值系统、思维方式、社会心理以及审美情趣等方面的基本风貌，在中国传统文化中起主导作用，是处于核心地位的基本思想和观念，它在中国历史发展的长河中，对中国发展产生了广泛的影响。

中国传统文化在世界上已经产生的影响和将来能够起的作用，是得到有识之士公正和客观评价的。因为这是历史事实，是无法否认的。古代的中国曾经是世界上最强大的国家，其地域的广阔、疆土的统一、经济的繁荣以及国势的强大，使中国文化得以对外传播，中国传统文化是东方文化的轴心，在世界上独树一帜，并在漫长的历史长河中，影响了东方世界的经济、文化等各方面，为世界文化的发展和繁荣做出了巨大的贡献。

中国传统文化的基本精神，从古到今一直影响和指引着中国人民不懈前进。当然，中国传统文化的基本精神不但是中国人的精神食粮，它也在一定程度上影响着其他国家的精神文化。特别随着经济全球化的到来，中国传统文化的基本精神传扬海外的广度、速度更为广泛与快速。总之，无论从时间的跨度，还是从地域的广度，中国传统文化的基本精神对古今中外的精神与文化都产生了广泛的影响。

（二）强大的精神动力

中国文化基本精神是我们强大的精神动力，对中华民族的每一个成员，都有着强烈而积极的精神激励作用。在中国文化的绵延奔流中，中国传统文化的基本精神推动着中国文化的前进和发展，又影响和塑造着中华的精神气质和生活性格。它是中国文化中最光辉灿烂的那部分，是催人奋进的精神动力，在浩瀚的历史长河中，正是这种精神，浸润、熏陶和支撑了无数中国人的生命和生活，支持和推动着中华文明自立自强于世界之林，它是指导中华延续发展、不断前进的精神支柱和内在动力。

中国传统文化的基本精神，是历史发展的精神动力，它应该而且必然反映着中国传统文化的健康的发展方向，能够鼓舞人民前进。无论在历史上，还是在当代中国的文化建设中，它都具有激发自尊心、自信心和自豪感的伟大作用。它也理所当然地要成为维系人们共同心理、共同价值追求的思想纽带，成为激发人们为统一、社会进步而英勇奋斗的精神源泉。

中国文化中刚健自强的精神，在2000年的历史发展中，一直激励着人们奋发向上，不断前进，坚持与内部的邪恶势力和外来的侵略压迫者做不屈不挠的斗争。可以说，传统文化的基本精神仍然是中国近现代优秀文化中活的灵魂。

中国传统文化中以人为本的精神，激励人们尊重人的价值和尊严，努力在现实生活中去发现人，实现人的价值。这种价值，首先是道德价值。儒家在提升人的精神境界，把人培养成为有道德的人、有精神追求的人方面，却有着不可否认的积极作用。中国传统哲学中的各家各派，虽然价值观不同，但都重视道德修养，以人为本，对培育和发展中国的人文主义精神传统，都做出了重要贡献。中国历代都出现了许多重修养、重气节、重独立人格的仁人志士，与传统文化精神的熏陶、培育和激励是分不开的。

中国文化中天人合一、以和为贵的精神，还激励人们自觉地维护整体利益，坚持集体主义的价值取向。把天地人看作一个统一的整体，强调并努力创造三者之间的和谐，以维护这个整体的和谐为己任，并把个人、家庭和国家的利益看作不可分割的统一体，这样一种共同的文化心理态势，对中国的发展壮大有着不可忽视的积极意义。儒家的修齐治平理论，道家的"道法自然"的思维旨趣，墨家的尚同政治哲学等，都是以整体为上的价值取向。这种价值取向，把全局利益看得高于局部利益，把整体利益看得高于个体利益。它凸显了中国以小我成全大我、以牺牲个人和局部利益去维护整体和全局利益的优秀品格，造就了以国家利益为上的思想风貌。文化精神的价值导向功能，在这里看得非常清楚。

中华精神可以激发各成员的归属意识、进取意识、奋斗意识，凝聚社会各方面的力量，从而形成推动社会前进的强大动力。有没有精神，是衡量一个国家综合国力强弱的重要尺度。综合国力主要是经济实力和技术实力，这种物质力量是基础，但也离不开精神凝聚力。精神力量也是综合国力的重要组成部分。

中国传统文化的精华培育了中华民族精神，中华民族精神又促进了文化的发展，两者相辅相成，相互促进。中华民族精神是伟大的精神，是我们自尊心和自信心的力量源泉，是中华民族生存发展的强大精神支柱。中国的自尊心、自信心和凝聚力就是来自中国传统文化的基本精神。

二、中国传统文化的基本精神内容

（一）以人为本

以人为本，又称人文主义或人本主义，向来被认为是中国传统文化的一大特色，也是中国传统文化基本精神的重要内容。"以人为本"是指以人为考虑一切问题的根本，用中国传统的方式来说，就是在天、地、人之间，以人为中心；在人与神之间，以人为中心。

中国传统文化价值系统的确立，中国传统文化主体内容的嬗变，中国古代各种哲学派别、文化思潮的关注焦点，以及整个中国传统文化的政治主题和价值主题，都始终围绕着人生价值目标的揭示、人的自我价值的实现与实践而展开。人为万物之灵，天地之间人为贵，是中国传统文化的基调。中国文化侧重于人与社会、人与人的关系以及人自身的修养问题。从总体上看，以儒、道两家为主干的中国传统文化，是一种伦理本位的文化，尤其以儒家为代表的以人为本的思想，在后来的封建社会中得到广泛的认同和创造性的发展。

"以人为本"的人本主义在中国文化中有两层意思：①在人与神的关系上体现为"天地之性人为贵"的人格优先和"未能事人，焉能事鬼"的轻神重人的根本态度；②在人民与统治者的关系上"民惟邦本""民贵君轻"的社会观和朴素民主观。

中国的人本思想反映了中国先哲对"人"的关注。一方面我们既要看到这种关注在一定意义上确实反映着人民反压迫、求自主的深切渴望与呼声；另一方面也要理解它实质上仍是以"保民而王"、维护专制统治为主旨的政治策略性，但即便如此，民本思想对制约暴君苛政、改良人民的政治处境毕竟还是具有积极意义的。

中国人本主义以家庭为本位，以伦理为中心。中国文化重人，并非尊重个人价值和个体的自由发展，而是将个体融入群体，强调五伦，强调人对宗族和国家的义务，是一种以道德修养为旨趣的道德人本主义。中国文化中的人本主义传统，重视道德伦理、角色扮演，履行一定义务，对维系社会正常运转、人际和谐和人生修养等方面都具有积极意义。

（二）崇德、贵民与孝亲尊长

1. 崇德

中国自古以来有一个崇德的传统，即肯定道德的崇高价值。中国的崇德传统往往从修身开始。古人修身，往往包含两层含义：①政治上以修身为本，达到齐家、治国、平天下的目的；②思想道德上，通过修身达到理想人格的最高境界，修身的最高道德标准是成为君子、圣人、贤人或大丈夫等。孔子修身的最高标准是"君子"，君子的核心标准是做到"仁"；孟子的理想人格是"大丈夫"；庄子的理想人格是"至人"；墨子的理想人格是"立仪"；荀子的理想人格是"圣人"。

道德教育成了中国传统教育的根本，西汉武帝时儒家思想被定为独尊的地位，从此儒家思想便成为中国传统文化的主导思想。儒家道德教育的特征是强调"德治"和"礼治"。

"德治"和"礼治"就是通过循循善诱的方法使人们掌握统治阶级的道德原则和道德规范，并以此为准绳，来维护统治阶级的统治，从而使道德教育成为中国传统教育最基本的内容。崇德的传统使中国人关心的是今生今世，并使中国形成了德育的优良传统。这一优良传统着重体现在人格修养的崇德精神之中。

中国传统文化的人文传统培养了中华重德行的人生价值观。在古人看来，人与动物的根本区别就在于人有仁爱之心，有道德伦理的观念。儒家认为，人的生命是一种自然现象，是有实体的，且在天地间有着重要的地位。所以一般儒家都主张"保生命"，同时又认为，一个人的生命价值与道德价值、人格价值相比较，道德价值和人格价值更为重要。孔子的"杀身成仁"之说和孟子的"舍生取义"之语，就是儒家为了保全仁义道德价值而不惜牺牲个人生命的典型表述。《孟子》有两句话："所欲有甚于生者"，是指维护人格尊严比求生更加重要；"所恶有甚于死者"，是说一个人的人格尊严是生命中最为宝贵的，人格尊严超过了生命价值。

崇德精神造就了高尚情操，传统道德强调人的社会责任，突出个人的内在修养，意欲通过个人的内在修养达到道德的完善。这种强烈的道德观念及其理论筑就了中华民族价值意识形态的坚实内核，塑造了无数正直、有气节、刚正不阿的"脊梁"。弘扬中华民族精神，发挥传统文化的思维导向作用，批判继承君子人格中合理的东西，强化人们的道德意识，使人们在处理个人与集体、局部与全局利益关系上，能够以他人为重，以集体为怀，以国为上。这种高尚的道德情操的提倡，对我们克服现代化实践所带来的副作用具有深刻的现实意义。

2. **贵民**

中国传统文化坚持以民为本，还表现在以儒家为主体的古代思想家重视现世的人伦生活。中国传统文化在处理现世人生中，强调关心国家利益、他人利益，以群体利益为先。

中国传统人本主义坚持"民为贵"的民本主义精神，《尚书》中就有"重我民""唯民之承""施实德于民"的记述。《左传》《国语》等典籍中，也多处显示了以民为本的观念。《左传·桓公六年》称："夫民，神之主也。是以圣王先成民而后致力于神。"《左传·庄公三十二年》载："国将兴，听于民；将亡，听于神。"《国语·鲁语》中也有"民和而后神降之福"的说法。孔子历来主张重民、富民、教民。在"民、食、丧、祭"这些世间的大事中，将"民"列为首位。孟子则提出了影响中国几千年的"民为贵，社稷次之，君为轻"的著名观点，成为开明统治者维护统治的座右铭。他认为得民心者得天下，失民心者失天下："桀纣之失天下也，失其民也；失其民者，失其心也。得天下有道：得其民，斯得天下矣。"（《孟子·离娄上》）所以，"得道者多助，失道者寡助"（《孟子·公孙丑下》）。孟子从为政之道出发，强调政治统治一定要得民心、合民意，否则便可能"身危国削"。荀子亦主张"民惟邦本"，他的著名比喻君舟民水传之久远，是历代为政者必修的一课。"用国者，得百姓之力者富，得百姓之死者强，得百姓之誉者荣。三得者具而天下归之，三得者亡而天下去之。"（《荀子·王霸》）不仅儒家主张民惟邦本，道、墨、法诸家也都具有以民为贵的重民思想。在漫长的封建社会中，这一重民贵民的精神不断得到丰富和强化。汉代贾谊曾指出："闻之于政也，民无不为本也。"（《新书·大政上》）

以民为本的思想，对我国的历史发展和社会进步产生了巨大影响，在我国封建社会中起着调和社会矛盾、限制和弱化专制的作用，为中国人民接受近代民主主义思想提供了一定的基础和衔接点。可是这一思想是以君权为基础，依靠圣君贤相"为民做主"的，目的在于优化封建统治，所以，它不是民主思想，更没有成为政治形式的民主制度。然而，我们不能因此而否定其历史价值，其精华部分对现实社会的和谐进步仍然有着重要的借鉴意义。

3. **孝亲尊长**

中国社会向来注重"孝"，孝的一般意义是孝敬父母，其具体内容在儒家经典《孝经》中有明确说明："身体发肤，受之父母，不敢毁伤，孝之始也。立身行道，扬名于后世，以显父母，孝之终也。"又谓："夫孝，始于事亲，中于事君，终于立身。"《孝经》中对天子、诸侯、卿大夫、士、庶人等不同等级人的孝道均做出了具体规定。这些规定当然渗透了统治阶级的政治目的，即"百善孝为先""以孝治天下"。他们的逻辑是：在家事亲敬长，在国必然忠君爱国。认为"爱亲者不敢恶于人，敬亲者不敢慢于人。爱敬尽于事亲，而德教加于百姓，刑于四海"，以达到稳定社会秩序的目的。

孝敬父母、尊敬长者的基本思想，则是中国数千年调整、和谐家庭关系所积累起来的伦理规范，是历代人们所认同的传统文化精神，在今天仍须继承和发扬。这是因为，孝敬父母不但是中国传统美德，也是现代文明的重要内容。它不但可以促进家庭的和睦、团结，也能促进社会与国家的稳定，使社会正气上升。

将这种孝亲的精神推而广之，用于处理个人与社会、个人与他人的关系，其基本的道德原则就是"能近取譬"。即以自身作譬喻，来考虑如何对待别人，古人叫作"设身处地""推己及人"。用孟子的话说："老吾老以及人之老，幼吾幼以及人之幼，天下可运于掌。"（《孟子·梁惠王上》）意思是，敬爱自己的长辈，进而推广到敬爱别人的长辈；疼爱自己的孩子，进而扩大到疼爱别人的子女。这样，要治天下，就像东西在自己手掌中运转一样容易。可见传统文化对孝亲及人的重视。

（三）刚健有为与自强不息

"天行健，君子以自强不息"讲的就是天道刚健，周而复始，永无止息。人们应效法道，自强不息。刚健有为、自强不息是中国传统文化思想的基本精神，是中国依然屹立于世界之林的重要原因。

1. 自强不息

"作为中国传统文化的优秀基因，自强不息贯穿于中国传统文化之中，渗透和融化到中国人的思想方式和行为方式中，是中华传统文化区别于其他文化的独特标志"。[①] 自强不息精神包括艰苦奋斗、勤学苦读、励志图强等。孔子积极倡导并实践这种自强不息的精神，他在《论语》中曾经指出："发愤忘食，乐以忘忧，不知老之将至云尔。"孟子说："天将降大任于斯人也，必先苦其心志，劳其筋骨，饿其体肤，空乏其身，行拂乱其所为，所以动心忍性，增益其所不能。"荀子说："锲而舍之，朽木不折，锲而不舍，金石可镂。"这种自强不息的精神在春秋战国以后得到了继续发展，培养了中国人民自强不息的精神境界。

自强不息、刚健有为作为中华文化的基本精神2000余年来深入人心、泽被广远，为包括知识分子和一般民众的整个社会所接受而普遍化和社会化，激励人们不懈奋斗、百折不挠、积极有为、不断前进。

2. 刚健有为

刚健有为作为中国传统文化基本精神之一，是人们处理天人关系和人际关系的总原则，是中国人积极的人生态度的最集中的理论概括和价值提炼。这种精神使中国人形成了为理想而不惧艰难、执着奋斗的坚强和独立的人格。这种精神也演化成了中华鲜明而强烈的爱国主义激情、渴望为国家建立功业的奉献情怀和捍卫主权、维护祖国统一的坚定气概。自强不息、刚健有为作为中国传统文化的主导精神，激励着数以万计的仁人志士为坚持自己的理想和事业而奋斗终生。

自强不息、刚健有为的进取精神还一直激励中华儿女不畏艰难、努力拼搏、奋发图强，

---

① 郭继文．自强不息：中国传统文化的优秀基因研究［J］．山东农业工程学院学报，2016，33（05）：124.

始终保持坚韧不拔的顽强意志，明知不可而为之，进德修业、奋斗不止而终有所成。

就个人人格的独立和道德品质的体现而言，自强不息、刚健有为或表现为大丈夫"富贵不淫、贫贱不移、威武不屈"，匡扶正义，不与邪恶势力同流合污，或表现为在人生遭遇的挫折面前奋发图强，决不灰心，坚定不移地追求自己的理想。

（四）厚德载物与贵和持中

与自强不息、刚健有为的进取精神并存的，是中国传统文化中不可或缺的厚德载物、尚中贵和的价值取向。《周易》坤卦以大地承载万物的包容阐释了厚德载物的内涵。在乾卦以龙喻人，告诉我们君子要效天之后。坤卦在我们面前展示了一幅大地顺承天道、承载万物、生长万物的图画，告诫我们君子还应该法地，以深厚的德行承担自己的责任。有了容载万物的气度和虚怀若谷、大肚能容的胸襟，才能达到中和之境，即天地位焉、万物育焉的理想之境。

只有"厚德载物"之大爱精神，才会有理解他人的行为出现。培养"厚德载物"之大爱精神，是很不容易的，非下一番苦功夫不可。当今，我们大力弘扬精神，号召从小学习中国传统美德，就是为了培养"厚德载物"之大爱精神，重建共有的精神家园。

厚德载物、尚中贵和的价值取向不仅有包容、谦虚的内涵，还有着追求中和的传统。中和是一种理想之境，致中和，天地位焉，万物育焉。分而言之，"中"指思想方法，而"和"则指在这种思想指导下的行为效果。《中庸》说："喜怒哀乐之未发谓之中，发而皆中节谓之和。"可知"中"的本身并非喜怒哀乐，而是指对喜怒哀乐的持中状态，就是说，对喜怒哀乐等情欲要有一个适中的度的控制，过度的喜不叫喜，过度的乐也不叫乐。朱熹注释说："喜怒哀乐，情也；其未发，则性也。无所偏倚，故谓之中。"性即本性，本来的状态，也就是本身固有的质和量。对喜怒哀乐能按应有状态掌握，无所偏倚，这就叫"中"，平时能持中，一旦表现出来，就能中节，这就叫"和"。

因为效果的"和"决定于方法的"中"，所以，程颐解释"中庸"一词说："不偏之谓中，不易之谓庸。"不易说的是不可更易，不是别的不可更改，而是"中"的原则不可更易。

"中"是一种非常老到的思想修养和极其严格的效果要求。追求的是人与事的"中和"境界。唯其尚"中"，所以能"和"，唯其乐"和"，所以要"中"。做人要中，处世要中，思虑要中，审事要中，一切惟中是求，惟中是律。

贵和持中是一种和谐精神。"和"是一个有着丰富而深刻内涵的范畴。中国思想史上对"和"做了界定："和"是多样性的统一，万事万物都有着内部固有的和谐，整个世界是一个内在和谐的系统；"和"是事物生成的原因，也是万物兴旺发达、社会吉祥幸福的原因。孔子说："礼之用，和为贵。"礼之运用，贵在能和。"和"与"同"在中国文化中是两个不同的范畴。"和"是众多不同事物之间的和谐；"同"是简单的同一。与"贵和"的思想联系在一起的是"尚中"。"和"是一种状态、一种理想，而达到"和"的手段和途径则是"持中"。这个"中"，是说凡事都有一个恰当的"度"，即做事应恰如其分，反对"过"与"不及"。

"贵和持中"不仅是中国传统文化中极其重要的思想观念，而且也培育了群体心态：经济上，"不患寡而患不均"；思想方法上，主张"执其两端而用其中"，既不要过分也不要不及；个人修养上，主张"从容中道""文质彬彬"；艺术上，主张"乐而不淫，哀而不伤"；美学上，主张"以和为美"；戏剧文学上，主张"大团圆"的结局等。这些都是强调"和"。

孔子主张"和为贵"，并主张以"持中和谐"的手段来处理事情，孔子还主张以"礼"和"仁"来协调人际关系，他说："己所不欲，勿施于人。"孟子认为"天时不如地利，地利不如人和"。在孔孟之后，这一"贵和持中"的精神继续发展，"贵和持中"的精神对中华民族的影响是深刻的。

"贵和持中"的思想，作为中国文化基本精神的一个重要内容，对中国社会带来的影响也是双重的。它对保持社会稳定和发展，对维护国家统一有着积极的作用。

第三章　传统文化的传承现状与路径

第一节　传统文化传承的现状剖析

一、传统文化的消费提升明显

随着社会政治、经济、文化建设的推进，人们的物质文化生活水平得到了极大的提升，在精神文化生活需求上也有了较高的要求，在文化消费上人们愿意付出更多的时间和精力，文化消费在现代社会发展环境上得到了迅速的升温。

在文化自信逐渐建立的背景下，承担着优秀文化传承和发展使命的旅游业将进一步繁荣，尤其是民俗体验旅游将进一步受到人们的热捧。伴随着经济的发展，旅游价格和景点距离已不是决定游客流向的决定条件，很多游客越来越重视旅游的质量。传统民俗景点过往用知名度和噱头吸引游客的策略将逐渐落伍，提高旅游品质，丰富景点传统文化内涵，诚信经营将是旅游业发展的新策略。中国人的出行目的地开始倾向于蕴含中国优秀传统文化的方向，具有"当地特色"的相关旅游产品和下游服务将会越来越受到人们的青睐。

图书影像消费方面，越来越多的人摒弃所谓的成功学、管理学、心灵鸡汤等图书，而倾向于选择中国古典名著，如《曾国藩家书》《论语》《小窗幽记》等一大批经典图书受到年轻人的追捧。具有中国古代侠义风格且做工考究的影视作品也是层出不穷，如侯孝贤的《刺客聂隐娘》、李安的《卧虎藏龙》等都取得了可观的票房收入。

社会上国学班、书法班非常受欢迎，家长让孩子在入学前就开始接受国学的教育，对传统文化内容进行学习和了解，注重对传统文化的德育引导作用，通过传统文化的内涵性影响孩子的行为方式，以家庭教育和学校教育的共同推动帮助孩子形成较好的思想意识和品德修养。一方面可以透过传统文化的学习来获得德行上的熏陶；另一方面可以通过书法教育、国画教育、戏曲教育等多种传统文化形式去深入了解中国传统文化发展历程，以此来提升自身的传统文化素养。充足的经济支持使文化休闲消费迅速升温，越来越多地从餐桌转向风景区、庙会、影院、文化修习班等。

在文化消费上，中国传统文化所传达的是理性、适度的理念，讲求的是以和为贵的思想。勤俭节约是中国的传统美德，也是市场经济环境下消费行为所要秉承的重要理念。文化消费就是引导大众更加理性地消费，注重对消费的合理分配，注重在精神文化消费上的投入。文化消费能够推动社会文化氛围的营造，能够提升大众的思想意识和行为方式的统一。中国传统文化有很多亟待挖掘的文化内容，文化消费能够在思维方式上给人们以启发，一方面在大众的消费选择上给予积极的引导，提升大众消费视野，以更加多样化的文化产品满足消费者的需求；另一方面给市场主体以启发，通过利用传统文化特有的文化内容发展文化产业内容，形成科学的文化消费体系，活跃市场经济下的产业结构，形成传统文化独立的消费格局，引导市场经济的规范化、稳定化发展。

二、传统文化的影响力增强

中国传统文化的发展受到了世界广泛的重视，优秀的传统文化不仅能够提升中国在世界市场竞争中的实力，还能够打造中国特有的文化品牌，让世界认识真正的中国。中国传统文化的传承需要形成产业化模式，以极具特色和文化影响力的内容来提升产业的附加值，将传统文化作为一种重要的手段来提升我国的竞争地位，打造中国传统文化的品牌内容。

中国传统文化蕴含着深沉的精神诉求，蕴含着深厚的文化软实力。传统文化的"中国制造"不仅需要发掘本土文化的特色，以具有创新性的文化内容、文化形式来产生较为深刻的文化影响力，同时也需要注重对时代性文化元素的融合，注重对中西方文化融合，在传统文化的"中国制造"上下足功夫，找到文化交流的契合点。"中国制造"体现在市场经济条件下中国文化的产业化升级，使文化和经济相互推动，实现文化传承的同时提升传统文化的经济价值，为传统文化的传承创造更大的发展空间，积累传统文化发展的基础。

对中国传统文化走向世界应该体现思维的灵活性和开放性，注重细节的设计和内涵性的赋予，用文化交流的语言打入国际市场。优秀传统文化的传承与创新也是永无止境的，对传统文化的"中国制造"应该有世界性和时代性的发展眼光，以更为长远的战略规划，打造中国有特色的文化品牌。

三、传统文化的产业规模不断扩大

文化消费水平是一个国家或地区经济社会发展、历史文化沉淀、国民精神素养的重要标志。近年来，我国文化产业规模不断扩大，文化消费势头迅猛，已成为经济转型的新动力。随着文化的大发展大繁荣，传统文化在发展的规模上也得到了不断地扩大。经济新常态最明显的特征就是"优结构"，服务业占比增加。不同于以往的工业扩张的经济增长模式，经济新常态下的传统制造业面临诸多压力，如产能过剩，规模扩张空间减小，产业结构调整成为当务之急，以文化产业为核心的生产性服务行业是调整产业结构重要内容和突破口。社会资本投资文化产业热情高涨，文化生产能力大幅度提高，新型文化产业形态不断涌现，为社会提供了丰富多彩的文化产品，文化产业在国民经济中的比例逐步增加。

传统文化的传承和发展所保留下来的内容数量较多，需要专业化的系统梳理，针对传统文化的类别和学科特点进行细致的划分。而在表现的形式上来看，中国传统文化更加注重对人们感官体验和内心感受的启发，通过传统文化表现形式的保留，加之以现实性的创新呈现，让现代人能够感受到传统文化的现代力量。中国传统文化的影响力需要保持一种长效性的发挥，在传统文化发展规模扩大的同时，注重教育和宣传的影响力，将传统文化渗透到生活中去，进行加工和创造。

第二节 传统文化传承的总体要求

一、发挥主体积极性

优秀传统文化一个显著的特点就是必须依附于个人、团体或者空间区域而存在，除了保护优秀传统文化的载体，将非物质文化遗产以物化的手段保存保护下来，还要积极引导个人和群体积极参与。

传统文化的发展需要重视主体的积极性的发挥。传统文化的传承不仅是个人的责任和义务，更需要家庭、社会组织、国家的参与，将任务落实到学校、企业、机关、社区、村镇，形成国家引导、学界帮助、民众积极参与的格局。各级文化机构单位应切实负担起保护、传承、发扬优秀传统文化的责任，文化企业与社会组织要积极参与文化资源的保护开发，提供社会价值与市场价值相统一、人们喜闻乐见、类型多样的文化产品和服务。

传统文化已经渗透于我们的思维意识中，每一个人或多或少都会受到传统文化的影响，对传统文化有着不同的理解和行为表现方式。传统文化的内涵性和现实的融入性都需要多元主体的参与，这种积极性在学科发展、学术研究和行业建设方面要有具体体现，每一个人都可以通过自己的理解、自己的方式去实现传统文化的传承。大众应该对传统文化的传承充满信心，以较强的责任感和使命感去探寻传统文化的传承路径。

新常态给我们提供了创新发展的思路。传统文化的传承需要焕发新的活力，因而应该实现思路的拓展，在生产、生活实践的过程中，人们的思维意识得到了丰富，对社会历史的发展有着更为理性的思维，能够提出更多合理的建议，为传统文化的传承与发展做出巨大的努力。主体的创造性和积极性是不容忽视的，人类社会文明进程的推进正是依靠着人们的主观能动性的发挥，在不断的摸索中形成和创造有利于人类社会生存发展的各种文化内容，形成符合特定历史时期社会情况的文明形态。主体的积极性、能动性和创造性的发挥需要将传统文化中最为精髓的理念渗透到其他文化内容、行业领域中，找到传统文化的最有利发展位置，在不断学习和研究中加深对传统文化的理解，以期和经济建设、政治建设实现同步。形成工农知识分子为主体、领导干部带头、公众人物示范、先进模范表率、青少年为生力军的生动局面。

二、体现客体原真性

原真性是大众所公认的文化遗产评估、保护和监控的重要元素。传统文化客体原真性需要被赋予历史情感，与特定的历史时期信息内容实现融合，较为真实地对文化原貌进行还原，尤其是重视对传统文化遗产的保护和继承，保护好中国传统文化的物质载体，核心和灵魂是文化的"神"，而文化的"形"就是载体。文化的"形"一般体现在文物古迹、经典文本、传统节庆、民间风俗等，要想传统文化在新常态下焕发新的生命力就应该实现其"形神统一"。

我国传统文化的传承应该体现客体的原真性，为此应该认清发展传统文化的现实意义和价值，深刻地了解发展传统文化的重要意义。传统文化的研究离不开对历史生存环境和现实环境的思考，对传统文化的地域性、时代感应该有较为多样化的认识，透过传统文化的原真性思考强调其动态性的发展过程。只有在客体原真性的研究基础上才能够感受到传统文化的多种维度、多种文化层次和多种逻辑结构，才能最终实现对传统文化的保护、传承、融合和创新。加强国史、党史、地方史的编撰工作，推出一批高质量的研究成果。完善古籍名录和一些重点保护单位的评定制度，对中华文化典籍进行编撰出版，完善革命文物、非物质文化遗产的普查建档，建立国家文献战略储备库。对中华文化资源进行普查，构建开放、共享、权威的传统文化资源数据共享平台。对一些文化遗产要做到坚持在保护为主、抢救第一的基础上加强管理，然后合理利用，抢救濒危文物，修复受损馆藏文物，注重在新农村和城镇化过程中的文物保护工作。

对精神文化理念的继承，既是在现实环境下的深入研究，对其进行现代价值再创造，融入中国特色社会主义的价值观念，及时体现新常态下的新思维、新取向、新观念，也需要保持原真性特点，在时代性呈现中让大众感受到最为本真的文化内容。传统文化更重视感受，应该综合性地进行考虑，结合文化制度、文化行为、文化环境实现较为全面的总结。这种原真性的传承就是让人们能够了解传统文化最初的、最为本真的历史信息，随着历史文脉的演变，这种文化成为一种历史遗产，人们可以挖掘到更多的信息元素，提升传统文化的原真性和内涵性，达到引导和熏陶的作用。

传统文化的客体原真性体现了动态发展的过程，新常态下我国的传统文化的传承应该体现更为活跃的发展，充分认识到现实发展环境，并且逐渐适应新常态下传统文化的发展规律，通过引领主客体的共同参与，激发生产力中最为活跃的因素，为传统文化的传承工作带来更多的可能性。传统文化的传承需要大众发挥主动性和积极性，深入新常态下传统文化的研究中，提升逻辑层次，将传统文化研究中最能够体现中国品质、中国风格的精神实质和文化精髓挖掘出来，实现有价值的延续。对传统文化的客体性研究，应该克服现实的重重困难，通过适应和转化，将劣势转化为优势。

三、实现方式的多样性

随着社会信息化水平的不断提升，网络化、信息化、媒体化传播方式为传统文化的发展创造了更多的工具和平台，为实现传统文化的多样性发展带来了更多的可能性。在传统文化的传承方式上，人们可以不拘泥于传统文化现有的传播方式，利用现代化的手段，实现传播途径的多样化，在传承中获得传统文化发展的机遇。

传统文化的传承是具体的文化内容和抽象的精神文化的融合，在文化的表现上人们可以通过对固有的传统文化形式进行加工和创新，例如，对艺术表演、书法、绘画艺术、图腾、服装、建筑等这些内容的传承可以和现代艺术表现形式进行融合，将传统文化内容中的重要元素和文化符号进行现代性的表现，通过艺术加工的形式在大众面前进行呈现。通过形成文化艺术的文字内容、舞台内容和产品内容等多样化的形式进行传承，让传统文化的多面性进行展示，实现传播内容的多样化。

网络信息化的传播方式能够让大众更多地获取传统文化的信息，通过随时随地的关注加深对传统文化的认知程度。对一些新兴的文化样态也应该以开放包容的态度去对待，如中国网络小说，曾被视作野蛮生长的网络文学的受众已经不仅限于国内，在世界文化格局中中国网络文学都成为一种不可忽视的文化现象。传统文学由于社会、历史的差异对海外读者来说存在一定的困难，但网络文学由于不受历史事实和社会背景的限制，海内外的读者在阅读交流的时候也更加顺畅。中国网络文学的海外影响力不断增强，这也是中国文化对外输出的重要部分。面对网络文学要认清其有自身的成长周期，积极引导其良性发展，在创作方面也要引导作者融入中国优秀传统文化，扎根本土，走向世界。

对传统文化的精神文化内容的呈现，应该更注重心灵感受的契合，创新传统文化的理念，将文化的精神实质传承下去，融入现代性的精神文化理念，建设符合中国特色的社会主义精神文化内容，建构和谐的社会发展环境。中国传统文化中所反映的文化内容、精神和品质都是非常宝贵的财富，对大众的精神文化熏陶能够产生重要的影响，以时代性的眼光，新常态的发展思维，形成科学的社会主义建设指导思想，走出一条可持续发展的现代化建设道路。

第三节 传统文化传承体系的建设

大量能够反映中华民族精神、文化、思想的内容，在经过长时间沉淀后形成了中国独特的传统文化。随着社会不断进步，优秀传统文化也在不断扩充。传统文化同时具备历史性、创新性特征，在当代社会，传承优秀传统文化是推动历史发展的有力举措。因此，构建传统文化传承体系十分必要。文化传承体系由传承方式、传承场所等多种内容共同组成。

近年来，随着人们对精神文明追求的逐渐提升，人们逐渐加强了对传承优秀传统文化的重视，在该情况下，为了确保传统文化得到有力传承，文化传承体系建设也加快了步伐。

一、优秀传统文化传承体系的建设价值

（一）加强对传统文化的保护与传播

我国传统文化在历经长期发展后已非常丰富、多元，大量文化发展至今已经成为育人的重要资源。文化传承体系中蕴含着众多优秀文化资源，这些都是随国人思想、行为、语言等不断发展积累而成的宝贵财富，有着不可替代的核心地位。在传承体系中，所有优秀传统文化资源均可得到有效保护和传承，传播渠道也可得到丰富；无论是传播质量还是数量都能得到有力保障，这对提高我国软实力有着积极影响。

（二）提高了传统文化资源的利用率

我国优秀传统文化数量较多，不同文化有着不同属性。根据文化属性的不同可将其与不同产业相融合。该方式可以有效挖掘优秀传统文化的潜在价值，利用产业规模、技术等诸多优势带动优秀传统文化的弘扬。近年来，人们对文化产品的需求有所上升，这给传统文化发展提供了契机。在构建文化传承体系时可将市场需求作为切入点，将传统文化资源与多元产业相结合，为文化传承提供更多可能性。

（三）促进了精神家园建设

优秀传统文化具有历史性和创新性的特征，历史性赋予传统文化以地域色彩，创新性赋予传统文化以与时俱进、朝前发展的动力。在时代不断变迁的过程中，传统文化可跟随时间、人类进展向前发展，并不断丰富与完善，这样就可以使人们在任何时代背景、任何环境下都能感受到浓厚的本土文化氛围，有利于建设美好精神家园。优秀传统文化的存在对环境、个体发展均有着重要影响。因此，建设优秀传统文化传承体系是保障整体可持续发展的有效举措。

二、优秀传统文化传承体系的建设要求

（一）注重对传统文化资源的保护

对文化传承体系来说，其建设过程并非单纯的对优秀传统文化的弘扬，还须结合传统文化实际对其加以保护。优秀传统文化是我国宝贵的文化遗产，既包含文物、劳动工具等有形物质遗产，又包含民风民俗、工艺、礼仪等无形文化遗产。所有传统文化资源均与国人不同时期的认知、思维密切相关，如果在传承时没有注重文化保护，便无法发挥文化传承体系的作用，不能达到优秀传统文化的传承目的，因此，加强传统文化保护十分有必要。

（二）须了解、审视传统文化资源

传统文化在传承过程中，必须区分文化优劣，从多角度了解、分析传统文化内容，将大量优秀传统文化资源引入文化传承体系之中。对优秀传统文化进行传承，绝对不只是延续传统文化的历史性，而是在了解传统文化内涵的基础上，以现代目光审视和弘扬传统文化，使优秀传统文化能够获得发展动力。

（三）须具备包容态度

文化传承体系的建设目的是推动优秀传统文化长远、繁荣发展，而拥有丰富多彩的文化资源则是达到该目的的前提。人类文明之所以能实现进步，不仅与我国优秀传统文化有关，也与其他文化密切相关。因此，在建设文化传承体系时应持有包容态度，在保护、弘扬本土文化元素的同时打造开放式平台，吸收百家精华，为优秀传统文化发展注入新鲜血液，这是确保优秀传统文化经久不衰的有效方法。

三、优秀传统文化传承体系的建设内容

（一）优秀传统文化的传者

传者是文化传承体系的关键组成部分，主要是指优秀传统文化的传播者，他们需要将传统文化传播、弘扬、传递给他人。优秀传统文化传承必须得到传者的支持，在以往文化传播的过程中，传者通常为师者、长辈等，商人等活动范围较宽泛的群体，也会在传统文化传播中产生重要影响；现如今，学校、教师、网络等是优秀传统文化的重要传者。

在文化传承体系中，传者产生的影响力不容忽视，且承担着重要职责，传者不仅需要挖掘优秀传统文化内涵，还须想方设法地扩大优秀传统文化的影响力，促进文化发展。在经济与文化不断发展的当下，人们已经意识到优秀传统文化传承的重要性，在对优秀传统文化进行传承的过程中，传者是关键所在。传者往往会主动挖掘优秀传统文化资源的内涵，并通过各种渠道将其传播出去，在必要时他们还需要丰富传统文化内容。优秀传统文化的传播质量与传者的文化素养、思想、职业等有一定关系。

（二）优秀传统文化的受者

受者既是传统文化的接受者，同时也是继承者。优秀传统文化受者的范围较为广泛，所有人都可以成为传统文化的受者，其中，青少年是文化受者的核心群体。在优秀传统文化传承体系中，并非传者才拥有职责，受者同样须肩负起传承职责，受者可以主动选择、接受传统文化资源。受者从某个渠道获取、了解优秀传统文化的过程便是学习的过程。

优秀传统文化的传承方式、内容及策略，受者的理解能力、看法，都是影响受者理解传统文化内涵的重要因素。在文化传承体系中，受者是极其活跃的群体，传统文化资源会源源不断地进入受者内部，受者之间可相互讨论、分享传统文化，并通过一系列活动实现

对传统文化的接收与继承。随着对优秀传统文化的记忆愈加深刻，受者便会在心理、行为上有所践行，此时，受者便会从最初的主动选择演变为主动继承。

（三）优秀传统文化的传承方式及场所

传承方式与场所是文化传承体系中不可缺失的重要组成部分。传承方式的选择在一定程度上决定着优秀传统文化的传承效果。随着现代技术的发展，越来越多新型媒介出现在人们视野中，并成为新时期优秀传统文化传承的主要方式。

现代传承方式的出现，并没有完全淘汰传统的传承方式，传统方式仍然得以延续。进入新时期以后，各行各业都有所创新优化；优秀传统文化的传承也须紧跟时代步伐，无论是传承方式还是场所都应有所转变，不应局限在以往的传承范围与渠道中。在文化传承体系中，传承场所与文化传者、受者都密切相关，传承场所的形成需要传者与受者共同组成，并建立明确的传统文化传承关系。传者在将优秀传统文化传播给受者后会建立自然空间，随后再建立稍加复杂的社会空间；通常情况下，优秀传统文化的传承场所以"自然＋社会"的方式出现。文化传承体系并未对传承场所提出硬性规定，任何环境、空间都可能会成为优秀传统文化的传承和发展场所。

四、优秀传统文化传承体系的建设路径

（一）加快优秀传统文化的数字化传承建设

目前，数字化技术发展已较成熟，"使用数字化技术传承传统文化，是文化发展规律、传统文化当下遭遇、人民群众现实需求、文化产业发展多方面因素决定的"。[①]这为优秀传统文化的传承提供了技术支持。在建设文化传承体系时，我们可以利用数字化技术加快对传统文化的高效传承。从我国文化传承体系建设现状来看，虽然其已经和数字化有所接触，但其与传统文化内容的融合不够深入，且数字化资源不够丰富。为了发挥数字化优势，必须针对具体情况改善现状。在建设数字化传统文化资源时，应从文化传承的根本意义出发，结合相关政策机制制订数字化传承方案。无论是传统传承方式还是数字化传承方式，都应密切结合优秀传统文化的特征、本质；要充分体现数字化传承优势，打造大量具备特色的传统文化资源。并且，现如今文化传承体系须具备与时俱进性，数字化已成为文化传承体系的发展趋势。因此，在实现数字化传承时，不应拘泥于已有的传承渠道和内容，而是须展开相应的挖掘与创新工作。

数字化之所以深受各行业欢迎，一部分原因便是其便捷和多元的优势，其在科技领域有着较广泛的传统文化传承空间，因此，在建设文化传承体系时须全面认识数字化技术，还要结合优秀传统文化传承所需进行探索、挖掘，开发出一系列全新、有效的文化传播方法，以加快优秀传统文化传承速度。

① 莫代山.少数民族优秀传统文化数字化技术传承研究［J］.中华文化论坛，2018（01）：67.

（二）加强优秀传统文化传承场所的建设

传承场所在促进优秀传统文化传承中占据着重要地位，这是文化传承体系建设的主要内容之一。要想从根本上提高文化传承效果，就必须重视对传承场所的建设。从文化传承体系现状来看，其已经与图书馆、艺术馆等场所相结合，这些场所虽有着广泛的受众面，但其在实际传承过程中仍然面临着亟待解决的问题，导致文化传承功能没有得到全面发挥。

1. 适当增加文化传承场所的数量并拓展其规模。即使图书馆等场所已经成为传统文化传承的主要阵地，但现有传承场所数量还不足以有效实现文化传承效果，因此，有必要增加场所数量与规模。具体而言，可在相关部门的扶持下，在社会中鼓励个人建设传统文化传播场馆；可以将传统文化与第三方企业、机构相结合，为传统文化提供更多传播路线，使更广泛的社会群体成为文化传承的受者。

2. 增强文化传承场所的多元化。由于文化传承场所较为单一，其整体职能及文化传承作用也比较单调，只有建立不同类型的场所，并与优秀传统文化密切结合，才能为文化高效传承提供必需条件。同时，也可针对现有文化传承场所职能予以拓展，在不影响场所基本职能的前提下加快场所合作，以此来充实文化传承体系，为文化传承提供保障；可结合不同场馆的职能、特征等增强其内涵与吸引力，进一步明确场所的传统文化传承作用，使场所与社会群众均养成自觉、自愿的传统文化传播、接收习惯。

（三）重视优秀传统文化保障机制的建设

优秀传统文化是中国的精髓所在，传承体系则是推动传统文化持续发展的有力平台。因此，在建设传承体系的过程中，必须得到保障机制的管理与约束，这是确保传统文化得到优质传承的保障，即建立完善的道德约束机制。在优秀传统文化传承中，传承主体的道德会决定文化传承的质量、性质及具体方向，如果文化传承主体道德水平不过关，不仅无法达到文化传承效果，反而会影响传统文化的正常发展，导致传统文化流失大量传者与受者。此时，便须得到道德约束机制管理，充分发挥传承主体的引导作用，在社会中树立正确榜样，这样可以将优秀传统文化内涵传达给社会大众。同时，还应建设培训制度。

优秀传统文化传承体系的建设、维护及运行均离不开专业人员。现阶段，随着优秀传统文化的传承内容、方式的不断丰富，其对工作者也提出了较高要求，只有拥有高素质队伍才能建设出完整的文化传承体系。对此，可邀请传统文化领域的专家讲授文化管理的知识、方法，规划文化传承体系构建方案、思路，了解相关法律制度，并将其应用在实际建设工作中。

总之，我国拥有大量优秀传统文化。文化传承体系是实现文化大范围、高效传播的重要平台，这一体系不仅可以加强对传统文化的保护与传播，提高传统文化的资源利用率，还能促进精神家园建设。在建设文化传承体系时，须注重对优秀传统文化资源的保护，应在了解传统文化资源的基础上实现对其传承。传统文化传承体系主要由传者、受者、传承方式及传承场所等几部分构成，要想发挥文化传承体系的作用，就需要加快数字化传承建设，注重传统文化传承场所创新丰富，同时还要重视对道德约束、培训等保障机制的建设。

第四节 融媒体促进传统文化传承

一、融媒体的特征与科学传播要素

"我国的融媒体及其生产，是在推动传统媒体转型的思想指导下而展开的"。[①] 融媒体就是指利用互联网作为载体，把各种不同媒体的资源在人力、内容、宣传上面进行整合、筛选、发布，以达到科学传播有效性的最大化的新型媒体。

（一）融媒体的特征

1. 融媒体的即达性与交互性

即达性为融媒体核心优势，是指信息在第一时间可以上传到用户终端。这种实时的信息传播使得信息传递效率大大提高，终端用户可以快速获取最新的信息。融媒体的交互性包括了"一对一，一对多，多对一，多对多"的传播方法。融媒体把大众传播和人际传播相结合，发挥了自身的特性和优势。传统传播的形式，传播供体与传播受众是平行的两个线。具体分工，传播供体的主要职责就是传递消息。而传播受众就是信息接收者，没有选择权。这种传播是垂直的信息灌输，现在这种情况被打破了。融媒体中，交互性能让传播受众可以自主选择、掌握、获得所感兴趣的信息。传播过程中信息是怎样交换的就在这个过程中清晰地表现出来了。

在融媒体传播过程中，传播供体与传播受众之间的鸿沟被跨越，受众不仅能够即时地获取信息，而且还能对信息进行反馈或者进行二次传播，完成角色的转变。融媒体交互性这种特点架起了科学知识和科学传播受众之间的桥梁，使得大众能够去真正地了解科学、理解科学、使用科学并关注科学。

2. 融媒体的个性化与群体化

随着网络信息的飞速发展，信息以及数据的分享与交换成本下降，社会个体成为整个社会信息传播矩阵中一个节点。同时，不同种类的网络社群变为公共舆论空间，重建信息传播的组织、选择以及传送方式。网络社群有着新的媒介特征。和现实社会的传播环境大相径庭，网络社群的组成，则有较多的随意性和松散性，群体对个体的约束力不强，由此导致个体的发言和信息传播有着更多的不可控成分，信息来源更丰富、复杂。利用移动的

---

① 黄旦.试说"融媒体"：历史的视角［J］.新闻记者，2019（03）：20.

终端可以建立小众所感兴趣的群（QQ 群、微信群等），随时收发信息，实现信息与数据的共享。

3. 融媒体的应用程序的使用

应用程序（Application，简称 APP），包括平板电脑、手机和其他移动设备上的第三方应用程序。APP 可以是一个画册、一段音乐、一本书……它可以承载文字、视频、音乐、链接……可以在你的手机、iPad 以及别的终端"游走"。它能够满足你社会化生活一切需要的可能性，不管是工作规划、知识获取还是社会交往、游戏娱乐。APP 抛弃了时间与空间这种类别区分，取而代之的是需求与场合。用户通过手机下载的应用程序，可以随时随地关注自己感兴趣的内容，并且可以使用超链接把信息从一个应用程序转发到另一个应用程序上。这个过程中，信息受众直接变成信息传播者。

4. 融媒体的媒介融合性

融媒体不仅是把所有媒体集合起来，它更加侧重于各个不同传播媒介之间的融合贯通。新媒体通过运用图文、音像等各种符号形态来进行科学知识传播，将其有机地融合在一个传播分支中。这样，科学知识传播就更加具有综合性、形象性和直观性，更加贴合大众的思维方式，从而使科学信息通俗化，以达到很好的传播效果。

目前，有三种常见媒介融合方式：①同业融合，主要指的是广播与广播、电视与电视的融合；②跨媒体融合，就是指广播、电视、报刊、互联网、手机等全媒体网的建立；③信息传播终端的融合，就是指把所有的信息资讯集合到一起进行集中管理和发布。这里的信息传播终端，是可以随身携带的电子产品，它虽然满足了贴身服务的产品要求，但是到达方式还是需要跨界融合的。融媒体时代的终端产品，一定是能够与传统平台之间实现无缝衔接，这样才能最大化发挥其优势。

5. 融媒体的巨量性与共享性

在"三网融合"（电信网、广播电视网、互联网）的媒体政策背景下，新媒体加速了媒介从内容到终端的全面融合。互联网即使在人们休息的时候也在发布信息，每日信息发布量比起传统媒体可以说是一个天上、一个地下。除非人工清理数据或者服务器遭到破坏，信息可以以数字的形式长期保存在储存量巨大的服务器上。不仅如此，信息的巨量性还体现在强大的检索功能、复制功能、易储存的特点。专业的搜索引擎网站可以随时随地查阅信息，一方面展现了互联网检索功能的便捷；另一方面也反映了信息量的巨大，可以说是浩如烟海。受众可以搜索、拷贝、粘贴、下载、储存任何需要的信息。

信息共享指使用不同的终端来共同管理数据并且分享服务器的信息。详细来说，共享包含两方面的意义：一方面，共享意味着全世界跨越了时间与空间的壁垒；另一方面，信息的共享性还表现在相同的信息可以被不同时期的人所分享。比如，我们现在所学习的数学、物理等，并不会因为我们对信息的接受而造成耗损，甚至在原有的基础上通过信息的共享，思想的碰撞可以产生更多的新信息。信息和物质两者之间存在着本质上的区别：物质不管量再多也总有消耗完的一天，而信息却是取之不尽，用之不竭的。

6. 融媒体的受众碎片化、媒体平台化

受众碎片化指的是随着经济发展、社会变迁而出现的受众选择日益多元化的过程，受众广泛地分散开来，某一特定媒介吸纳的受众份额与受众规模被"稀释"。受众的差异性、技术的先进性和政策的许可是受众碎片化的主要因素。

传播受众碎片化表现在两方面：①碎片化传播；②信息碎片化。现代社会的传播忽视对信息的集合、挑选和整合，这是因为这个时代是注重高效、快速的。所以，整个传播过程就像被不断剪裁的纸张一样，不断被切割，不具有整体性面貌。尤其是在基于互联网技术和个人智能终端使用的融媒体时代背景下，碎片化程度也在随之加深，传播受众对信息的传播接收方式也受到了很大的影响。在传播碎片化的融媒体时代，正因为大众对信息的需求量大，才使得互联网、信息接收终端这类信息"中转站点"被更加广泛地使用。

融媒体平台把在活动现场收集的所有材料通过互联网发送给后台的编辑组，编辑小组在经过考虑、分析和讨论之后写成更有深度的报道，然后作为头条新闻或者滚动新闻发布在网站首页上，也可以在加工之后发布在用户终端上，并提供资源以供下载。媒体平台所扮演的角色就是生产和传播的主角。其主要职责就是定位不同的媒体风格，根据不同风格媒体的需要来发放不同层次的信息以达到预期的传播效果，最后满足不同受众的不同要求。

（二）融媒体的科学传播要素

1. 融媒体的传播供体

在当今融媒体时代背景下，科学传播供体可分为以下不同的群体：

（1）科学家以及科学共同体。科学家意味着在其研究领域的专业性，科学家是科学传播的主要信息源。从信息的流动方向来看，科学类信息大多是从科学家到受众的。在人人都是信息创造者的时代，大众期待科学家和科学共同体可以承担更多的社会责任，并且希望他们可以表现出更多的社会良知。科学共同体一旦达成统一的行为规范和精神气质，不会轻易地被外界动摇。但现在的实际情形是，科学家或科学共同体更加看重同行之间的评议与交流。

（2）媒介供体。通过不同的媒介，人们不但可以获得相关的科学知识，而且可以形成自己的看法。科学家、科研人员、媒体、相关从业者以及公共人员从社会化媒体中可以生产和传播科学信息。这是我们所见到信息海量化的来源，同时也改变了大众分享信息的方式。大众上网的时间与大众对科学的态度之间有着密切的关系，对科学的态度会随着上

网时间的不断增长而表现出更加积极的趋势。

（3）政府供体。世界上绝大部分的国家把国民素质的提升作为国家发展的战略目标。发动所有的社会力量，争取达到"人人具备科学素养"这一目标。中央电视台策划、制作、实施的各类科学类节目对科学的传播也做出了一定的贡献，扩大了科学传播的影响力。此外，政府每年都会有专款专项下放，用经费支持科学事业的发展。

（4）个体供体。在融媒体时代，公众之间的个人和个人、个人和群体之间的信息交流更加便利。就这个层面上来说，多元分散的个体主体传播是融媒体时代呈现出的一种新的科学传播形态，它包括了像QQ、微信、微博、E-mail、聊天室等即时通信。借助媒体融合，多元分散的个体主体传播显示出了两个重要的特点：每个不同个体构建自己的知识体系都是根据对接收信息的理解来架构的；这个知识并不是客观的，而是主观的、个体的。

2. 融媒体的传播受众

科学传播受众，即科学信息的接收者。发展到现代的科学传播系统，科学传播主体的主动性大幅度提高，成就了传播者和传播受众的相互交流。特别是跨进了新媒体时代，大众都转换了被动的信息接受者角色，成为积极的"传播过程参与者"，不再是传统意义上被动的受众。

融媒体的发展为受众直接参与科学传播提供了新渠道。通过各种终端的应用，科学传播由传统的"垂直灌输"变为"跨界沟通"。以互联网的大数据采集和分析技术作为支持，使得跨界鸿沟变为零距离。在虚拟的环境下，权威专家和普通大众也可以随意进行互动、交流想法。他们可以随时随地发布自己的科学看法在自己的微博上，同时也能够和受众进行互动交流。

3. 融媒体的传播渠道

科学传播渠道是一条纽带，它就是指科学传播媒体。常见的科学传播媒体包含报纸、图书、杂志、广播、电视、电影、录像等。同时也包括学术讨论会、访问交流等形式，以及图书馆、科技馆、展览馆、博物馆等场所。传播表现方式主要有这几种：图片、文字、视频、讲授、实物等。媒体，在科学信息和传播受众之间是知识传播的形象。此外，也要反思、疑问、求证、解析这些从简单到复杂的科学精神、方法、思维的传播。

传播内容、传播类型、传播者、接受者等因素会制约传播渠道的选择。像广播、电视、报纸、杂志或互联网等大众媒体适合一般的信息推广；专家学者之间进行交流或者讨论一般都是学术研讨会、访问交流的形式；或借助中介机构的服务；某些技巧性强、难以编码的知识一般会采用直接面授的传播方式，而那些易于用语言、图像表达的知识则可借助传播媒体。

二、融媒体背景下传统文化传播的机遇

（一）传统文化传播的即时性强

融媒体技术的发展，让媒体能够直接通过手机移动终端与受众交流，广大受众可以随时随地通过手机观看传统文化传播画面，随场景调取文化信息。融媒体技术的创新，让传统文化的传播更为便捷。

（二）传统文化传播的覆盖范围广

融媒体时代，传统文化传播的覆盖范围更广，打破了传统纸媒、电视、广播等传播的时空限制，融媒体的文化传播价值也在无形中得到提升。在移动互联网的助力下，传统文化群体传播频率高，传播范围广，有益于文化氛围的营造。主流媒体在文化传播中，需要坚持正确的舆论导向，加强对精神文化的挖掘与传承，结合人文发展特点进行正确解读，展现中国传统文化中的传统礼仪，体现文明向上的风俗，以及高尚的精神追求。

（三）适应受众的个性化互动需求

随着时代的发展，受众接收传统文化的方式也在悄然发生变化，逐渐由被动转向主动，共同参与文化传播与建设，传统文化在传播中呈现多样性和包容性的特征。广大媒体从大屏幕转战手机小屏幕，顺应文化传播潮流，能满足受众随时转发、分享、留言的个性化互动需求。融媒体技术下，VR 的应用，能让受众身临其境地感受传统京剧艺术、诗书画卷及文化表演的艺术魅力；直播答题能吸引更多受众聚焦传统文化，使受众在与传统文化的互动中产生共鸣，以沉浸式体验增强对传统文化的认同感和自豪感，甚至可参与剪纸、踩高跷、写书法等活动，未置身现场的受众也能通过现场直播表达对家乡的思念，拉近受众与传统文化之间的距离，从而提升受众黏度。

地域特色，将传统文化中的根雕艺术、剪纸艺术、书法艺术等与中国传统文化节日活动相结合，让文化传播嵌入时代特色，提升文化传播的速度和效率。媒体融合发展带来了传统文化传播内容和形式的更新，更有利于各类媒体、新媒体和传统文化融合，以兼容并包的姿态展示中国传统文化的魅力。传统艺术传承人或组织，可以通过融媒体传播，越来越多的受众开始关注传统文化，进而投入继承和发扬中国优秀传统文化的行动中。

三、融媒体背景下传统文化电视节目功能与叙事策略

（一）融媒体背景下传统文化电视节目的美育功能

1. 融媒体时代传统文化电视节目构建审美样态

（1）诗情画意式的舞台。文化类电视节目在进行制作时，会将电视的特性进行充分的运用，充分地将其视听性展现给大众。如创作者可以运用电视艺术的声音、画面语言，来对传统文化的深意、寓意进行艺术形象的包装和展现。而在文化类电视节目进行创新的

过程中，舞台效果的设计需要与其文化类节目的文化韵味紧密结合，以此展现更加吻合节目内容的视听效果。例如，《中国诗词大会》是一档以诗词歌赋为核心的文化类电视节目，节目主要是以多种形式围绕着诗词举行，既有益智类又具有一定的文化传播效果。节目以"赏中华诗词、寻文化基因、品生活之美"为基本宗旨，在这样的节目宗旨之下通过对诗词知识的比拼和对诗词的赏析，带动了全民对古诗词的重温、学习、感受、汲取等。而对诗词美的追求，节目的内容也不能单纯地围绕着背古诗、读古诗这样简单，在进行全新的创新之路上，这档节目将舞台的声光电技术、舞台的设计完全围绕着诗词歌赋的内涵而进行创新创作。

《中国诗词大会》舞台设计源于传统的标签即"画卷"。曲面屏幕的设计感，莲花、月亮、牡丹等各种中国元素景观，再与蓝、绿、灰的大调色调相协作，营建出浓郁的意境美，让观众有身临其境之感。本身这档节目在进行立意节目宗旨的时候就以生活之美为基准，而诗词又具有一定的意境在其中，因此，舞台的设计感中则融入了这一意境。舞台设计了一个展开的画卷，画卷是以其立体的思维影像的展示将诗词的意境进行了搭配和融合，以水墨画的方式呈现，当音乐开启，画卷与诗词共同呈现，这样的诗词意境将所有的观众直接带入节目的意境中。

画卷中还有依靠 LED 灯所制造出的线条感，水元素的运用，在灯光的映照下再配合诗词的朗诵、音乐的铺垫，完全将诗意和情感融合在一起，将情感带入了节目中，跟随节目的介绍融入每一首诗词背后的含义。

而像《中国诗词大会》这样的文化类电视节目，同样也注重其舞台的设计，别样的舞台设计则能够将观众带入节目的意境之中。再如《朗读者》中，舞台的设计分成了三种形式，为了能够将更多的诗情画意表达出来，在开篇的阶段会由极具影响力的主持人董卿以温情的语言进行朗诵，每一段的开场白都与本期的话题息息相关，这样的形式让受众完全融入了这种情感意境的高度凝练中，以此产生了意境。

文化类节目的意境的营造，通过舞台设计的配合，使其能够通过绘画、科技等多元化的形式展现出来，又能够暗合"诗中有画，画中有诗"的优美意境。更多的观众能够通过文化类节目传播的视觉美感，感受美、感悟美，最终能够创造美。

（2）多维舞台空间设计。从原有的传统媒体的文化类节目单一化过渡到融媒体视域下的多元化的文化类电视节目，在整个节目的舞台效果上充分地体现出多元化的视觉设计对节目起到的重要作用，并能够带动受众和节目的审美效果以及提高审美意识。

文化类综艺节目的独特性不仅是内容本身，它还充分发挥电视媒体优势，创新舞美设计，营造出炫目的舞台效果。如河北卫视的《中华好诗词》舞台陆离斑驳，天马行空地把传统文化和现代科技系在一起，创制出的节目不但具有浓浓的中华味，也有现代化的创新性；《故事里的中国》在舞台视觉效果的设计上，更是提升了整体节目的审美效果，也让观众在进行观看的过程中能够极大地提高自身的审美意识。在节目中因为有戏剧表演的成分，因此，将空间制作成了立体的效果，在立体空间中进行了三个空间的展现，这样立体的空间能够让观众真实地感受到舞台空间设计所为戏剧表演增加的氛围和所渲染的气氛，与此同时真正地让整个节目的审美特性得以提高和展现。舞台设计不管是灯光还是场景设计，它都是符合戏剧的要求的。比如说场景，为了让戏剧符合电视荧屏的特点，利用格子在空间上将不同的画面隔离起来，这样可以保证故事脉络多线进行，让叙事变得立体起来，也大大增强了电视节目的表达张力。

作为文化类电视节目的代表《朗读者》，将上述的舞台张力和舞台效果进行了充分的展现。在《朗读者》中，节目形式的设计使得舞台上也同样进行了多元的视觉设计。在整个节目的视觉感官上进行了一种仪式观的传播学的处理方式。并在舞台空间感上进行了全新视角的设计，使得节目无论是从内容上、形式上，还是视觉上都形成了全新的多样化的视觉体验。《朗读者》的节目共分为三层舞台效果，一层是观众席，一层是朗读的舞台，另一层则是访谈的空间。这三个空间的设计，拉伸了舞台的整体纵向感，同时也使得多样化的视觉设计形成了独特的空间艺术效果。场外观众犹如完成了一场仪式性的约定，遵循着节目的主题引入获取相关的仪式信息，并将其作为最为吸引人、值得参与以及情感价值的有机载体，场外观众带着这种心情和情感依托，守候于电视机前观看每一期节目的播出，期待着每一期仪式的开始。

文化类电视节目的打造和节目的设置，用大众传播的方式展现了一个殿堂级的文化种类，打造了文化节目的"新物种"，把真正顶尖的艺术形态推到了老百姓当中，既保留艺术的质感，也让观众觉得亲切熟悉。美育功能的充分体现，通过舞台艺术效果的呈现，以此让更多的观众感受到美，体会到美，进而提升了文化类电视节目的美育功能。

2.审美形式多样化的构建

（1）仪式化传播建构"电视崇高感"。中国社会的文化形态随着时代的不断发展而不断变化着，同时在全球化的趋势影响下形成了一个多元化的格局，文化形态也将不断地融合和相互影响，其主要的文化形态为主流、精英、大众这三种文化形态。而不同的文化形态所体现的核心内容不同，所体现的内容和传播的作用也有所差异。随着大众文化的不断发展，精英文化变成了边缘文化，市场地位逐渐地被通俗的大众文化所占据。在媒介融合的时代下，大众文化的传播通过多元媒介的传播形式，收获了一大批稳定的受众群体，得到了大众的广泛关注，带给大众文化的狂欢。

在当下的文化类电视节目中，有意识地将"仪式"融入其中，突破了电视仪式固有的传播方式以及传统意义上的传播内容。以此能够建构起经由"仪式"传播产生的"电视崇高感"。而这种"电视崇高感"，在大众传媒的社会功能中，在国家实施美育的系统工程中，是能够产生强烈审美效应和美育效果的"高光点"。

媒介融合时代的到来，使得长期沉浸于大众文化的人们，意识到在这个氛围中节目内容的同质化、低俗化现象严重，泛娱乐化现象尤为突出，而由于这类文化类节目大多从国外引进，长此以往则形成了水土不服的现象，在这样的现象背后越来越多的人渴望能够收看到更具有文化内涵的电视节目，然而这种渴望并非将大众变为精英，而是要将精英文化和大众文化两种形式相互融合，既能够展现中国传统文化的魅力，又能够在节目中让大众感受到轻松、平等的氛围，以此满足大众的审美需求、知识需求和心理情感需求。

节目的创新是制作者向往、大众期盼的发展之路。节目内涵的丰富、节目形式的创新、节目所体现的人文关怀、主持人文化底蕴的深厚都是节目成功的主要因素。《朗读者》这档文化类电视节目在朗读的仪式下，让大众的情感得以产生共鸣，文化价值的认同，同时又将传统文化和现代审美进行了全新的融合，将传统的朗读模式贯穿于全新的节目制作模式，以此形成新的模式。而这种模式反映了当下时代人们共同追求的精神，其传播了正能量的同时，又体现了节目的功能性。该节目是央视推出的文化情感类节目，以个人成长、情感体验、背景故事与传世佳作相结合的方式，选用精美的文字，用最平实的情感读出文字背后的价值，节目旨在实现文化感染人、鼓舞人、教育人的传导作用，同时又能够展现有血有肉的最为真实的人物情感。而其节目的开播，可谓是开启了文化类节目的新坐标，让大众认识到一个全新的文化类节目。

一场完整的仪式离不开仪式空间的建构、仪式剧本的选择、仪式角色的表演以及仪式观众的围观。而这几点仪式的要素是传播仪式顺利进行的至关重要的因素。模式创新体现于互动仪式的应用，在特定的仪式空间中充分发挥其仪式传播的功能。传播仪式应用于电视中从本质上讲是围绕电视节目内容构建的情境聚合的人群间进行的模式化的社交互动和仪式互动，其互动实践即是在情感能量的驱动作用下以构建符号资源共享与共同认知为目的的仪式。在这样的仪式视角下，传播则被认定为一种神圣的仪式，受众将对仪式所传播内容、营造的身份产生强烈的认同感。《朗读者》节目对观众是否具有吸引力，能否有效地传递仪式所推崇的意义、价值、精神，选择怎样的仪式形式、仪式剧本进行节目的制作则尤为重要。在整个节目中为了展现不同嘉宾的不同故事，引起观众的共鸣，实现节目思想和社会主流价值的高度契合。

在该档节目中将所邀请的嘉宾进行了两种不同的形式，带给所有的观众和嘉宾一种仪式感，将其分为了开放式和私密式两种形式。嘉宾访谈的私密化，铺垫了情绪的同时又为嘉宾与观众提供了进一步深入了解的空间。仪式空间的建构形成了一个三维空间。将节目分为了密室、演播大厅、电视外这三个空间，共同形成互通从而连接了主持人、嘉宾、现场观众和电视机前观众的情感变化、情感互动。而在这一部分中，同样也是该档节目制作模式上的创新，嘉宾访谈形成了一个私密的空间，不会将最为内心深处的伤疤直接揭露给受众，而是受众通过大屏幕，通过一种共同的空间进行互动，从而能够产生共享情感以及共同认知的体验。在私密空间中嘉宾将内心不愿提及的往事和故事讲述出来，与台下和电视机前的观众形成了情感共鸣，而后引起受众积极的自我表达，互动与回应，这种互动仪式充分地展现了仪式传播中互动仪式的功能性，当受众达到了情感的共鸣，得以上升为群体符号的共鸣，与节目制作团队形成了互动设计的共鸣，从而进行了一次由主题导入的初步浅层意识到深层次互动的转变。

在此，无论是现场观众抑或是电视机前的观众，在空间仪式的形成上，当嘉宾煽情动容之时，我们可以看到观众的情感互动，伴随嘉宾的哽咽而擦拭泪水，伴随着嘉宾的欲言又止而陷入沉思，或是鼓掌，或是起立，或是默默流泪，这一切都是对现场仪式的构建，以及现场真实、直接地进行的情感互动仪式。而这种情感的互动是可以渲染的，当镜头对准了现场观众的落泪，电视机前的观众同样也会沉浸于此，进行沉思和反思，于是会通过多种新媒体渠道抒发自己的情感变化，进行话题、主题的讨论，无论哪个层次的观众都可以通过不同的手段抒发自身的情感，构成了一个共同的仪式空间。而不同的层次的观众对节目的理解和感悟的深浅也会有所区别，从而又会形成不同程度的情感共鸣，当不同的人共同探讨同一问题时，则又会通过深层次的探讨从而构建共同的仪式信念和共同的信仰、价值观等，完整地进行了互动仪式。

模式上的创新是该档节目的核心内容。而纵观每一期的节目内容，仪式的主题丰富多彩，所传递的情感类型多样化，将其节目中的仪式模式可以分为大爱、小爱这两种主题。不同的仪式会上演不同的故事，不同的嘉宾会讲述不同的故事，仪式的优劣直接影响仪式效果的呈现。

文化类电视节目通过节目的内容、大众媒介的传播，获得了广泛的社会感应。仪式感所唤醒的内心崇高感、价值感以及共鸣感，使得受众获取了情感的共通。对观众观看的体验进行整合、强化价值观与审美感知，以此促进社会和谐、加强社会认同等，从而实现美育功能。

（2）"戏剧＋影视＋综艺"形式。从《朗读者》再到现如今的《故事里的中国》，又从以朗读的形式、优美的文字语言的形式分别体现和展现了文化类综艺节目不同的美育功能和不同的审美效果。《故事里的中国》的选材主要来源于中国经典的人物，并且是以一种全新的节目形式进行的，是一档集访谈与戏剧为一体的创新文化节目，在演员开始舞台表演之前，节目组会邀请与故事中的人物相关的人员来到现场，他们可能是演绎过相同作品的演员，或者是故事主人公的亲属，或者是当年故事发生时的见证者。

《故事里的中国》一改往常的节目形式，将大众普遍认知中的故事和节目，进行了更为深层的挖掘，找到了全新的制作模式和全新的视角，挖掘出了自信心和最为感人的故事，这些故事尽管有一些离年轻人较远，但却能够用一种戏剧表演的形式将故事讲述给大众听，除了重温和回顾、回忆以外，更是将人们带入了那段时间中，让人们真正地感受到了历史的意义。

官方这样解释其全新的形式——"戏剧＋影视＋综艺"的综合表达方式。这里运用戏剧化的舞台表演形式，找到一些经典的明星进行经典片段的演绎，同时，舞台的空间感也同样是呈现了戏剧的表达形式。将影视剧中的经典片段以戏剧化的表演方式，呈现在舞台之上，并且会将原来影视剧中的主创人物邀请到节目中来，进行访谈，以此追忆那段拍摄中的点点滴滴。这段影视人物的回访，让这些亲历者将所有的见证、所有的经历呈现在舞台上进行讲述，深入地挖掘了经典背后的真实过往，这样的真实性也让更多的观众重拾了那段历史和那段难忘的回忆，让从未经历过那段历史的人们能够深入地了解那段历史和英雄们的无私付出。再现故事背后的情感力量，以此串联新中国的"影像艺术"。

《故事里的中国》这档文化类节目与以往的文化类节目的制作模式和选题形式有很大的差异，是新推出的一档全新的节目形式和节目类型。在节目中主要是以表演的形式来重现经典，用新方式新创意新思路来讲述中国故事。在节目中"故事未现，感情先发"的感受，让表演后的主题内容得到了一个全新的深层次的理解。这种先访谈后表演的结合方式，人性化的同时又能让观众与故事共情，经典历史与当下时代契合的同时，经典又重新活起来，而观众收到的是一份惊喜与感动。《故事里的中国》采用"戏剧"和"影视"的方式呈现给观众，但不管给屏幕前的观众戏剧的观看效果还是影视的观看效果，它所发生的一切都是在舞台上。

文化节目的大爆发并不突然，这更像是一种价值的回归，证明了现阶段观众对"精神食粮"的诉求。而往往宏大的主题与叙事更易激发用户的共鸣。《故事里的中国》通过全新的题材创新尝试，不仅完成了一次成功的经典演绎，而且将过去与当下相连，讲述并且讲好了曾经的故事。

美育的力量在于通过直接参与审美活动、艺术活动的实践，实现人性的完善，帮助人们走向精神境界的升华与审美的人生。在文化类电视节目的制作中，实现这一过程，通过节目内容提高人们整体的文化教养、关注一个人的人生经历、历史经验对观众心灵的深刻影响。

（3）深情文字演绎的模式。电视文化类节目意图通过一种全新的朗读的形式，让最为传统的朗读模式重回人们的生活中，而在这节目的诸多模式中，从开场的主题导入，嘉宾的私密访谈，台上的嘉宾朗读、共同探讨，到最后的主题升华，这些内容呈现了一场场完整的朗读仪式。而在这每一个环节中每个人都在扮演着仪式角色，并且各司其职，特色鲜明，将自己的角色任务完美地"扮演"着。

在视听语言的运用上，文化类电视节目《朗读者》选择各个领域的嘉宾，将人生的经历、情感的体验与经典的美文相互结合，并且以朗诵的形式呈现给大众。嘉宾在朗读之前会进行一个密闭空间的访问，在访问中将自己内心的故事和最为动人的故事讲述出来，包含了人生的经历、包含了挫折以及思念等。

在文化类电视节目《朗读者》的朗读仪式中，主持人不再只是单纯地起到节目报幕和活动串场的作用，也不是简单地发布信息，简单地播报，而是作为仪式的领导者，发挥仪式统领的作用，主导仪式的进行和发展，控制仪式的整体节奏，既引导了主题的深入，又牵动了每一个受众的情绪、情感。随着主持人将仪式拉开序幕，开场的主题导入自然将观众带入仪式的氛围中，向观众灌输了仪式的价值，从而形成情感、意识的共鸣。主持人在电视节目中起到至关重要的作用，主持人只有将其社会角色与媒介角色完好地把握，才能真正地达到理性与感性的统一，也才能真正地让观众得以亲近。

节目主持人从事的是电视文化传播流程中最为重要的一个环节，节目通过主持人的传播得以与观众形成共鸣。而在《朗读者》这档节目中，主持人的仪式作用和其仪式所带来的风格，有着与其他文化类节目不同的地方。在节目中主持人呈现出多重作用，从开场白引出的主题到中间环节、邀请嘉宾的串场，以及在密闭访谈室进行的采访，对故事的进一步挖掘，到最后深化主题的独白形式。这些作用在整个节目中均起到了重要的作用，然而在这样一档文化类电视节目中，主持人的专业素养又同样起到了重要的作用。

主持人主导仪式的工具就是自己的语言和声音，仪式的主题和节目所要传达的思想往往都是通过主持人的语言传递给观众，并通过语言工具影响观众。在传播仪式观的视角下，主持人在文化类节目中同样还承担着文化角色。文化传播是语言传播的本质，主持人的文化角色也应得以进一步地强化、清晰。语言传播的过程也是对文化的扩散和与大众产生共鸣的过程。作为媒介传播的载体和媒介的重要组成部分，主持人既是信息的传播者和交流者，又承担着文化的功能，其主持节目的过程是生产文化的过程。而究其这一点，主持人的学识、知识储备、对生活的理解与感悟、人生阅历等都需要具备一定的水准，方能真正地带给观众以文化内涵。

除了主持人将富有深情的文字进行了完美的过渡、演绎之外，还包含了邀请来朗读的嘉宾，嘉宾们将观众带入了整个节目最为高潮的内容，他们将自身的亲身经历和真挚的情感融入朗诵之中，表达了自己此时此刻的内心情感，或是思乡或是对命运的抗争，或是对生活的总结和提炼等，通过深情演绎，文字背后所展现出的情感之美、生命之美直抵人心。

3. 融媒体时代传统文化电视节目美育功能提升策略

（1）坚持主流文化价值观传播。电视文化是集主流文化、精英文化、娱乐文化、大众文化、消费文化于一体的多元文化的观点，是长期以来电视理论界和电视业界在文化领域里各种文化力量展开冲突与协调、交锋与对话的源头。

《经典咏流传》是中央电视台综合频道和央视创造传媒有限公司联合打造的一档"和诗以歌"的文化节目，该节目结合了主流文化与娱乐文化的特点，将中华经典诗词文化与电视媒介、网络平台进行融合，在表现形式上尽量做到通俗易懂，使观众在观赏节目的过程中可以体会诗词文化上的意境悠远。

节目中的经典传唱人不仅有著名的艺术大家，也有冉冉升起的后起新秀，还有许多热爱祖国、崇尚生活、积极进取的普通人，他们结合自身的音乐创作经历和音乐风格，将经典诗词转化为传唱度极高的歌曲进行演绎，通过鉴赏团成员对歌曲的专业点评，将经典和流行有机结合在一起呈现给大众，深入挖掘诗词背后的故事，以现代人更喜闻乐见的方式，去学习诗词，"推动中华优秀传统文化创造性转化、创新性发展"。吸引观众的关注度，彰显主流文化的价值，获得观众的高度认同。

融媒体视域下中国传统文化类电视节目开始不断地发展着，并在进行节目的发展过程中展现出符合当下环境的电视节目形式，而纵观文化类综艺节目的内核，实质上依然还是其节目的创作的意义，具有一定的美育功能。

纵观文化类电视节目，它的存在有着属于自身的意义和价值。文化类电视节目和传统综艺节目不同，每一个环节的策划，都是一次创新，需要电视制片整个团队的协同努力，也需要社会上的协调和支持。网络媒体和自媒体迅猛发展以来，给传统电视类节目带来了巨大的冲击。

电视媒体要走出传统媒体的刻板印象，突破僵局，一方面是要在节目形式、内容上进行创新；另一方面是要融合中华优秀文化精粹。一档节目收视率的高低是该节目存在或者消失的关键。文化类节目以低成本创造了高收益率，突破了明星决定收视率的思维定式。如《朗读者》采用明星与素人结合的模式，更多地侧重挖掘人物故事，激发嘉宾和文本情感的碰撞，通过朗读传递有温度的经典文字，激发观众共鸣，实现"以情动人"，利用经典文字本身的渲染力和影响力，感染观众。

文化类节目立身的根本不在于娱乐大众，而在于传播文化，使中华优秀文化能够在传承中不断创新，走向繁荣。《中国诗词大会》以弘扬中华传统优秀诗词文化为基调，深入挖掘文化内涵，利用竞赛比拼、诗词接龙互动的方式，掀起了全民学习诗词热潮。除诗词、汉字、戏曲类的以显性文化为内容载体的电视节目之外，还有其他以传承匠人精神的隐性文化为载体的电视节目。

《我在故宫修文物》节目通过讲述不为人知的故宫文物师，通过世世代代传承的修复手艺，凭借一辈子只做一件事情的中国匠人精神，让蒙尘破损的文物恢复勃勃生机。这种新颖独特的文化类节目题材，唤起了国民对匠人精神的敬仰，为快节奏的现代生活的人们带来了一次精神的洗涤。博大精深的中华文化，有着极其丰富的内涵，通过文化类的电视节目和"互联网＋"的传播方式相结合，激发年轻人对历史与文化的敬意，对培养国民的爱国主义精神，弘扬中华传统文化的魅力，拓展中国文化的国际影响力，具有十分深远的意义。

（2）发扬传统文化的美育价值。文化类电视节目以传统文化元素为制作的根基，一定要打稳文化这一根基，对传统文化物尽其用，激发受众的怀旧情绪和文化认同感，以新中有旧，旧中有新的新形式灵活包装，给受众崭新的体验和走心的享受。

对比艺术价值、劳动价值等其他一系列价值观念，审美价值是一种精神层面的价值体现，是人们内心对美这种事物的一种情感上的体现。在电视综艺节目中高明地使用传统文化元素不仅能增加电视综艺节目的内在文化素养，同时还给观众带来一种丰富的审美感受。

中国传统文化中的诗词、书画无不包含着作者自身的思想高度、写作状态以及情感交流。电视文化类节目在文化精神内蕴上就不同于其他娱乐节目，它的文化表达是占上风的，这种文化的表达能够引起观众对中华文明的思考以及为拥有这种文明而深感自豪，这是该类节目优势之所在，它直接将电视节目实现了从娱到美的高度，艺术中有"通感"这种说法，文化类电视节目也将此化入其中。在众多的文化类节目所做的选题中包含了越来越多的与生命、内心情感相关的内容，而这些内容点醒节目的接受者们对人世间各种情感的追思，在众多的文化类节目所做的选题中包含了越来越多的与生命、内心情感相关的内容，而这些内容使接受者们产生各种情感的追思，会体现出不同的情绪。

文化类电视节目本身就具备了美育功能和美育价值，力图通过节目中的内容、设计的主题、选题的核心内容，呈现出不同的节目形式，来宣扬所要呈现的价值观和审美特性、美育价值。所有的设计都为文化服务，只为将节目中的文化符号展示得出神入化，电视依附于传统文化的种种元素以及美学意境发挥出无限的弹力，力度空前加大，将文化震撼唯美的视觉化展现，大大加深观众的视觉享用和记忆，给受众传达一种不言之美，无形的熏陶中就提高接受者的审美感知力，具有充分的美育价值。

（3）全力构建家国意识与情怀。随着社会的发展，越来越多的多元化、多元素的内容融入节目制作中，而文化类电视节目的呈现本身就已经具有一定的美育功能，并能够通过这种美育功能帮助人们构建和树立正确的人生观和价值观。现代社会，人们生活在压力大、节拍快的高速运转的状态中。在众多诱惑中，许多人无法静下心来看本书、读会儿诗歌。这样的形势下，刺激影视开始担当起宣传传统文化的重责、能够构建家国意识和家国情怀的重任。

文化类综艺节目中大量使用中国传统文化元素作为独特的视觉符号对弘扬正能量起到了很好的作用，促进了中国传统文化的传承与发展，建立起国民的文化自信。用电视栏目表达自己对华夏文明的思考，正当其时地推广中华传统文化，站在与传统文化相结合的点上，突出中国的文化特色，要以受众容易接受的方式进行传统文化的电视化呈现，形成具有中国特色的文化品牌和文化标志，在综艺节目中嵌入我国特色的传统文化，抓住受众求新求异和渴望了解陌生事物的心理因素，突破地域文化的限制，对传统文化进行现代化的解释和表述，善于用普通化语言去宣扬中国传统文化，让广大同胞和外国朋友认知和触摸中国文化，从而达成传统文化与电视媒介的融会贯通。经过大批的文化类电视节目，我们所致力的方向就是要把华夏文明向全球推广，在博得世界其他国家认同的历程中，使中华民族文化自信与自豪感得以凸显。

在构建家国意识和情怀内容方面，全新的文化类节目新形式《故事里的中国》在节目中加入了更多的经典人物和经典影片中的历史故事，以戏剧表演的模式呈现给观众，让观众透过这个节目的内在，从而能够感受和树立正确的家国情怀。文化类电视节目在内容的表述和舞台的设计上充分地对经典进行了致敬，无论是竞赛、朗读、演绎都能够激发当下人们不忘中国精神与时代精神，继续前行的斗志。

（4）满足受众精神文化的需求。在电视综艺节目角逐日趋激烈化的今天，原创的文化类电视综艺节目无疑为综艺市场提供了一个另类的参照物，节目以电视综艺节目为承载，将中国传统文化视为动力，挖掘中国的传统文化，从传统文化中汲取能量，借助综艺手段让众多中国受众重温传统文化，陶冶广大受众的精神家园。

美育的最终目的是让人们能够发现美、欣赏美、创造美，继而使人们的心灵受到震撼，最终提高人们的综合素质和整体修养。近年来，以《国家宝藏》《中国诗词大会》《朗读者》等为代表的文化类电视节目以中国传统文化为依托，用更生动可感的视听化表达将传统文化中的为人处世的品格与胸襟通过感性形象内化于心，使观众充分浸润在文化类电视节目所带来的美好而震撼的感官体验中。

文化类电视节目精心搭建了一个平台，将年龄、学历、地域以及职业都不一样的人聚拢起来，尊重他们的文化偏好与文化表达，这样的海纳百川带来的是生命精神的融合。受众在融合与碰撞中看到了生命的多种可能，并将其内化为个体精神的升华。

（二）融媒体背景下传统文化传承类电视综艺节目的叙事策略

1. 传统文化传承类电视综艺节目的叙事话语的本土化表达

叙事话语在内容讲述和情感表达方面具有至关重要的功能和价值，对传统文化传承类电视综艺节目而言，它作为联系外在形式、内在主题及受众三者的关键纽带，不仅使节目具有了本土鲜明特色，还融入了共情式文化情感，为传统文化传承类电视综艺节目的传播奠定了必要基础。

（1）叙事视角的主客交替与平民记述。叙事视角通常以叙事人物的身份、角色及其与叙事事件的相对关系划分为主观叙事和客观叙事。在对传统文化宏观主题进行综艺性表达时，在整体叙事视角的选择与组合方面，形成了全景观呈现和细节处捕捉相结合的典型特征，并与之伴随呈现出微观视角的叙事倾向。

①聚焦个体自我讲述。深入叙事内部的主观叙事，通常以第一人称讲述亲身经历或真实体悟，以达到关注个体的叙事效果；并搭配以叙事人物的口头交流和随机采访，传递出积极表达和主动分享的亲切感。同时，主观叙事因其最具个人化情感色彩，为受众营造了良好的身份代入感，更好地激发出叙事内容与受众之间的共鸣、共情。

主观视角叙事在节目中一般较多运用于两类主体：

第一，具有精神传承、品格魅力的行业大师。他们来自多个行业领域，但殊途同归都是优秀传统文化品格和精神力量的鲜活载体。透过其质朴无华的自我讲述，传达出岁月沉淀下来的专注持重和数十年如一日打磨出来的睿智从容。

第二，作为探索文化精髓和感悟精神品格的年青一代，他们大多是广为受众熟悉和喜爱的演员或偶像，在跳脱出固有身份的基础上，以"拜师学艺"或"入职体验"等方式对文化匠人、历史文物、国宝重器等进行实地探寻和亲身体验。以零距离接触行业大家与工匠技艺，主观镜头下个人感受的直接表达，与其主动叙事过程中对工匠精神和文化品格的感悟，让受众更加具有共情式的主观代入感。

②观照现实全景记录。区别于主观视角的直接呈现和个体观照，客观视角着眼于叙事的整体进程，以更加全知全能、完整宏观的视野为叙事着力点，以旁观者的姿态记录和呈现叙事全貌。客观视角通过灵活游走在叙事中的多个要素之间，自由切换叙事角度，以开阔的视野全景式记录参与叙事的众多细节，在展现叙事关系、联结叙事脉络、沟通叙事情感方面，具有不可或缺的功能价值。在中国传统文化传承类电视综艺节目中，客观视角的叙事或展现各行各业名家大师的精神品质和人格魅力，或纪实呈现恢古建筑的磅礴气势，联通了与其相关的精巧技艺、国宝重器、师徒传承和初探者叹为观止的直观感受，从多个侧面加强论证了工匠精神和文化品格，极大丰富了抽象主题的具象性和说服力，并有效增强了叙事张力，使叙事本身更具吸引力和观赏性。

③宏大主题微观表达。将宏大主题与深刻内涵呈现在视听结合的影像化表达之中，如何让二者更为紧密地结合在一起，并传达出更为亲切易感的叙事效果，成为传统文化传承类综艺所要创新突破的核心内容。以微观视角对叙事进程中人、物及环境的细节记录和细腻刻画，成为宏大主题找寻常人情怀的重要切入点。将承载着深厚价值与崇高品格的载体从宏大叙事的传统模式下脱离出来，以简约清晰的形式和见微知著的视角观照时代现实、贴近常人情怀，将镜头对准生活趣味与细微之处的精彩，为形成平实质朴的综艺表达风格提供重要叙事角度，同时也构成此类节目的叙事特色之一。

正如《国家宝藏》将每个宏大主题的叙事重心都着落于国宝重器，将传统品格和文化认同感依托于可见可感的珍贵文物及其背后可寻可溯的历史故事。通过多个角度、各个维度的综合呈现，将每一件精巧细腻的文物自身的文化印记和精神符号以细致入微的叙事视角刻画得深入人心，在寻根溯源探访其中跨越千年的"前世今生"过程中，折射出中华上下五千年的品格积淀和精神传承，让国家宝藏一语双关的含义跃然眼前。

（2）叙事时空的虚实切换与情景交融。叙事时间和叙事空间在影视艺术领域是具有相互依存的紧密关系，作为影视叙事基本单元的画格始终同时表现引发叙事的动作和与动作相配合的背景，形成一种堪称强大的空间能指。为着重展现我国优秀传统文化及其内涵价值具有突破时间、跨越空间的无限活力，依托于时间的交错排列和空间的重构塑造，紧密围绕主题要义，将蕴藏着文化力量和精神品格的具象载体，通过影像化的叙事手法进行细腻呈现与精准解读，为受众营造出亲切可感的叙事场景，为促成节目与受众之间的情感共鸣提供重要保障。

①历时视角的情感积淀与品格传承。对我国源远流长的传统文化而言，着眼其自身源远流长的时间魅力和与时俱进的生命活力，将其自身最富有传承价值的人文情感与最具有

时代意义的文化品格在高度浓缩的叙事时间里有效传递出来，就要把时间作为一种叙事表达手段。以影视艺术自身特性打破现实时间较为抽象且不可回溯的桎梏，从时间的相对性与历时性角度入手，将跨越数百年得以流传至今的精神瑰宝及其蕴藏的绵延力量和文化浸润，依托于具象化的叙事载体鲜明亲切地呈现在节目中。

②场景构建对文化记忆的唤醒。作为超越传统时间艺术和空间艺术的综合体影视艺术，在时间叙事的同时也能够巧妙地进行空间叙事，将形象化造型表达与非线性时间节奏相结合，通过历史场景的艺术再现和文化符号的情景构建，为传统精神文化的主题讲述与情感传递营造出言有尽而意无穷的叙事空间，让受众更为专注主动地沉浸于叙事进程之中，让受众对文化记忆的唤醒及其文化情感的共鸣更为深切强烈。而时间叙事和空间叙事二者相辅相成、不可分割，共同为节目叙事的创新性表达和立体化传播提供重要艺术特性支持，从而也构成影像化叙事之下特有的审美感知与审美价值。

（3）叙事语言：中华传统审美表达。作为影视创作独有的表达方式，叙事语言是指视听语言元素的组合搭配及其所构成的语法规则，既包括宏观角度的思维方式、创作构想，也涵盖镜头运用、声画关系、造型设计等诸多微观元素和手法。该类节目巧妙把握视听语言，形象生动地直接作用于叙事主题的特点，将诸多视听元素与文化载体、精神物象等创新搭配，形成一套风格鲜明、富有中国传统审美意蕴的叙事表达体系。

①着眼现实记载传承历程与时代风貌。拥有丰富视角和灵活组接方式的镜头语言，或真实记录或艺术再现，都在叙事方面有着更为深刻的艺术价值和审美意义，在深化主题表达和升华内涵意境等方面具有重要作用。

第一，直接电影式的镜头拍摄。脱胎于世界纪录电影流派中的"直接电影"作为一种影视拍摄技法或记录场景的工作方法而言，具有鲜明独到的叙事优势。该拍摄手法是以真实生活素材为主，本着"不介入、不打扰、不干预"的叙事原则，客观、纪实的特性，为传统文化深厚主题和宏大背景与综艺形式之间留有可供互相融合的空间，也为受众提供了情感缓冲。为传统文化深厚主题和宏大背景与综艺形式之间留有可供互相融合的空间，也为受众提供了情感缓冲。

第二，情节塑造式的镜头组接。镜头语言的语法规则集中体现在镜头组合方面，通过对各类型、各风格镜头的创新搭配，以叙事主题为核心、叙事人物为依托，力求促成情节跌宕、意境深远的叙事效果，在结构叙事情节、丰富叙事线索和增强叙事张力等方面具有重要价值。

《国家宝藏（第一季）》对商代皿方罍在近代动荡起伏的一百多年间流落海外的辗转回归路通过国宝守护人以拟人化的方式分别扮演皿方罍的器身、器盖，在空间有限的舞台上以器皿兄弟二人的自述为主，创新地将文物作为第一视角营造出这件珍贵历史文物的两部分在动荡不安的数十年岁月里各自流转于世界各地的困顿处境，以及二者从未动摇过的对归乡回国的强烈渴求，借以兄弟关系为情感关联更加传神地映射出文物背后所蕴含的中国传统观念里对血脉亲情与家国观念的重视和传承。同时，搭配以文物商人、收藏家、拍卖家等多个角度进一步完善了"方罍兄弟"的传奇经历，它们作为中国晚商时期青铜器鼎盛时期的代表之作，于中国而言不仅是一件国宝重器的失而复得，更是千年前皿式家族存在的印记、商周王朝兴衰的见证。

②立足时代演绎传统品格与人文底蕴。作为影视艺术中表情达意的各类声音形态的总称，有声语言以其灵活多样的形式和独立叙事的功能，多重声音叙述使故事在某一点上得到横向和垂直两个向度上的环绕性聚焦。因此，这种叙述方式常能使文本叙述具有多义性和不确定感。这极大地调动了观众参与文本构建的积极性和主动性。在对传统价值的解读和文化品格的表达方面，具有不可替代的传播价值和表现效力。

第一，情绪烘托与氛围营造。作为渲染场景氛围和唤醒情感共鸣的重要表现手法，带有鲜明的我国传统风格的音乐和音响，在节目中对主题加以深刻诠释。在为叙事铺垫情绪和布局高潮的基础功能之外，还凭借其创设出的临场感显著拉近了宏大主题与普通受众之间的心理距离。

通过流行音乐人的创新演唱配合以中国传统乐器的悠扬旋律，将"诗仙"李白的经典之作《将进酒》进行了传统文化气息与东方审美韵味相结合的经典传唱与时代演绎，跨越千年重温中国古代最伟大的浪漫主义诗人那深入骨血的潇洒与豁达，在远大志向巨大期待的背后那种"古来圣贤皆寂寞"的巨大失落，在整首诗的基调略有惆怅慨叹的失落之感中，却丝毫未有颓废消沉之态，反而历经千年仍可以从中获得无与伦比的解放感和宣泄感。借李白一人一诗得以更为沉浸、真切地领略古时贤才的精神信仰与雄厚壮阔的盛唐气象。

第二，口语讲述与补充说明。叙事主体通过语言表达交流，以经典作品的内涵价值为出发点结合以时代精神的通俗表达，为节目做出开宗明义的点题。同时，以最具亲切感和贴近性的方式给受众传递出具有信服力的人文感知，有效消解了高雅艺术佳品、知名历史人物与受众之间的疏离感。

③人文价值与艺术品质的具象载体。在影视艺术领域，多种视听元素的灵活搭配组合，是能够直接作用于受众心理与情感的艺术符号，是触发情感共鸣的重要手段。由画面语言和有声语言通过具有构思性和主题性的有机结合所构成的造型语言，作为集多种元素于一身的声画综合体，全方位、立体式对传统文化的精神内核与品格传承创设出形象可感的艺术载体，为含义丰富、韵味深远的主题表达建立起同广大受众进行情感互通和文化认同的桥梁。

第一，主题化视觉传达与共鸣式情感传递。舞台美术设计兼具时间艺术性和空间艺术性，对室内综艺具有重要的场景价值。以传统文化为引领、技术为支持，从舞台造型、风格设计，到灯光效果、布景安排等诸多元素，所营设出的立体式舞台艺术效果，都彰显着节目主题与核心价值，并为促进与受众之间的情感交流和文化共鸣发挥积极作用。

第二，符号化文化意象造型塑造。意象，即是将人的精神心志、品格意念融入可见可闻的具象物体形态之中；而传统文化的意象塑造则集中体现在节目视听元素巧妙运用所构成的造型性表达，通常以人与场景的和谐共存以及与主题的高度契合为审美追求，力求创设出具有我国传统审美价值的文化符号。

2.传统文化传承类电视综艺节目的叙事内容的亲切化讲述

叙事学专业领域的学术研究，通常会以多向度、多层次的叙事架构分析研究对象的文本，而其中最为基础和根本的研究入手点则是叙事内容，即通常所称的"故事"——从叙事文本或者话语的特定排列中抽取出来的，由事件的参与者所引起或经历的一系列合乎逻辑的，并按时间的先后顺序重新构造的被描述的事件。叙事人物作为与叙事文本密切关联的重要构成元素，对叙事过程的铺陈和细节信息的传达具有重要价值。而叙事主题作为贯穿整体叙事进程、串联全部叙事元素的核心纽带，不仅在叙事人物的形象塑造和细节呈现方面力求紧密贴合与立体阐释，还对叙事内容在价值观念的引导和传递方面具有显著意义。

影视文本叙事以其特有的影像化元素所组成的叙事语法为表现手段，形成视听结合、动态传神的综合性艺术效果。综艺节目作为影像化叙事文本的典型代表，其内容表达作为具象表述主题内涵的重要一环，通常经由与主旨要义构建起来的层次化关联呈现出特色化叙事策略与个性化叙事张力。对传统文化传承类电视综艺节目而言，通过将深藏于传统文化中的人文雅韵与崇高精神等宏大主题与生动可感、形象鲜活的综艺视听表达相互结合，逐层深入式解读并传递出其自身主题所蕴藏的文化属性、传承特性、专业品质、传播价值与社会意义，进而打造出充实丰满的叙事内容和张弛有度、轻松有趣的叙事节奏。同时，将多个直接参与叙事且具有典型代表性、常人贴近性的"普通人"作为叙事内容表达和观念传递的中心角色，在自由宽松的环境中通过全面铺陈和完整讲述实现人物的形象塑造与品质呈现，也为更好地传递出人物与故事背后的精神品格与时代传承提供了核心支持。

（1）叙事主题：多维度的精神交流与理念共融。传统文化传承类电视综艺节目凭借富有趣味性和贴近性并重的生活化影像将历经岁月考验和历史见证的优秀传统文化内涵深入浅出地解读并传递出来，打造出一类全新的以制播精良的高品质内容为核心竞争力的原创本土文化综艺形态。该类综艺在重视通过综艺形式表情达意的基础上，更加关注以文化纽带所延伸出的凝聚力与归属感等共通情感认知，进一步促成了社会成员对传统文化和精神品格的普遍关注与主动学习，还在势头迅猛的发展中逐步形成了一套特色鲜明的叙事内容表达范式。

①传承特性："以物载情""以物传神"。任何一种文化理念或精神品质，当面临在社会范围内对其进行宣传和倡导的时候，就难免会因传播形式僵化、话语刻板疏离、脱离社会现实等问题而陷入被受众排斥抵触的现实困境，而导致难以实现真正意义上对传统文化的价值引领和时代传承。而传统文化传承类电视综艺节目则是以颠覆式叙事理念打破了这一僵局，为我国优秀传统文化提供了强大的传播驱动力。

将叙事主体的细节刻画、形象塑造以及节目主旨的情感传递、精神发扬融汇在与叙事场景彼此和谐共存的诸多意向化、象征性的实体元素之中，以构成真实性和可信度并重的叙事内容表达，是传统文化传承类电视综艺节目基于我国传统文艺创作理念"托物传情、托物言志、借物喻人"核心主张的深刻实践。

将以广博厚重的精神表达为内核的节目主题化为能够拉近受众心理距离的情感交流，让看似时空距离遥远、认知模糊的文化记忆和价值认同落地扎根于时代现实的生活即景，从而激发出广大受众源自真实生活场景的心理认同。

更为深层次的价值集中于展现物象具体形态背后积淀的历史渊源和文化传承以及二者与时代精神之间的紧密联系，以自身强大的时间存在感联结了横跨时空的传统文化与时代观念，为见证我国源远文化和悠久历史的一脉传承提供了毋庸置疑的支持。在镜头里出现的非言语性叙事实体大多以历史文物、传统建筑、手工艺品及其专属工具等让老百姓有自豪感和认同感的实体元素为主，在其自身固有造型和文化价值的基础上，配合以综艺视听手法完成立体化内涵传达和情感共鸣。

通过此类叙事元素实现的对叙事内容的立体化铺陈，分别通过以下三个层面对传承特性进行表达：

第一，在时间维度体现出历史文化的源远流长。从庄严耸立数百年的传统建筑群及众多历史遗存所营造出的场景化代入感，到国家级文物瑰宝、历史典藏的视觉化冲击力，都无声却坚定地传递着源自数千年前祖辈先人所推崇的文化品格。它们亲历了中华文明和传统文化的诞生，更见证了我们国家的发展与成长，为时代带来了自信力和自豪感十足的精神力量。

第二，在发展进程中形成多元形态的和谐共存，凸显其兼收并蓄的生命力。从无数方块字组成的古典诗词以多样字体、多元书写载体等各具魅力地饱含着文化认同感，到"以形传神，形神兼备"为最高艺术境界的京剧身法及表演行当所动态化演绎出的神话传说和历史典故更为深刻地引发了受众的共鸣感。它们都是先哲智慧的集中表达，承载着融于血脉的中国文化基因，更为传统文化的时代表达和精神传承提供了依旧鲜活的表达元素。

第三，以观照现实、贴近生活的姿态在社会环境里与时俱进，以动态发展式思维不断革新艺术理念，积极尝试创新表达从而提升艺术表现力和吸引力，并努力探索与年轻受众群体的审美趣味、接受心理等相契合的表达思路。既凸显出文化的适应力和感召力，为传统与时代的交融联络寻求更为灵活开放的创新机遇，也为传统文化的薪火相传创设巨大发展空间。

②专业品质：身份职业化与内容专业化。中国优秀传统文化作为传统文化传承类电视综艺节目制播的核心命题，其本身就具有丰富多彩的表现形态和传承载体，因而节目中所选取的叙事对象大多涉及多个文艺行当及专业领域。而该类节目作为文化类综艺的精品类

型，对相关行业领域等多方面做到专业内容的精确表达和专业品质的严格把关，成为其自身实现高品质文化传播的决定性保障。

专业性特质的呈现作为传统文化传承类综艺节目中最为严谨权威的内容要素，一方面，要能够将表现对象自身的审美特色、艺术理念以及历史渊源和时代发展现状等基本情况在保证较高专业水准的前提下，进行较为全面准确的引入介绍；另一方面，还要能够将表现对象背后相关的传统文化与精神塑造等内涵与时代风尚相连接，并尝试以一种更贴近受众的讲述角度、更易于受众接受的表达形式，深入浅出地将自身专业品质背后所蕴藏的文化力量与人文品格进行浸润式传递，在循序渐进的内容讲述中有效拉近与受众之间的主观情感距离，进而积极调动受众深藏于心的文化自豪感，以力求实现最具触动感的文化品格传递。

传统文化传承类综艺节目中对专业品质的具体表现，主要从叙事人物身份的职业化和叙事文本内容的专业化两方面入手，以视听结合、互为增补的多重手段实现既有学术高度又有生活趣味的艺术化传播。

第一，从主要叙事人物的选择层面实现对讲述者身份的职业化的精确匹配。节目镜头聚焦来自传统文化艺术的各个行业领域的名家，或是专门从事历史文物研究的学者与专家，或是祖辈传承传统技艺的手工匠人，借由他们的职业身份和业界成就以保证叙事内容的专业化程度和品质化水准，对其形象塑造一改往日文化类电视节目里专家学者的正襟危坐和刻板肃穆，通过生活化情景的真实记录颠覆式地呈现出他们鲜为受众所知晓的最具亲和力的素人形象。让兼具传统艺术品质和现代生活趣味的专家名士，以最常态化、自然化的还原生活式的面貌讲述并传递出体恤生活、富有人文关怀的专业态度表达和自我价值解读。通过纪实性拍摄记录下他们的言谈举止，让节目主题集中呈现在这些身份平凡而品格伟大的社会个体身上，以常人生活化的浸润达到文化同根的情感共鸣和历史同源的价值塑造。

第二，在选择了主要叙事人物身份职业化的基础上，要进一步实现对其讲述内容及相关补充细节的严谨性和学理性的把握，从而真正达到叙事内容专业化。通过自由灵活的言语交流、精简准确的旁白补充解说等语言形式，让围绕以行业名家为中心多方叙事角色，以其各自视角的口语化言语表达所共同形成的观念交流场，将艺术家们倾注了毕生热爱的艺术追求和专业理念以综艺视听表达的强大情绪感染力调动起受众心里的文化认同感，既填补了受众对传统文艺领域的知识性空白，也为促进传统文化的时代性传播与传承奠定良好基础。同时，辅助以字幕补充、数字动画模拟传统神兽卡通形象等非语言形式，对专业内容领域的基本概念以更为直观的生动形象进行普及式介绍，既保证了专业内容层面上的饱满充实，也丰富了影视语态的年轻化表达，巧妙提升节目自身的趣味性和观赏性。

③传播价值与社会意义：增强文化自信与文化自觉。以传统文化为魂、独创性内容为核的文化传承类电视综艺节目，搭配以综艺化视听表达形成包含文化的深刻性、综艺的娱乐性、历史文化的普及性等多维度内涵于一体，共同聚合为此类节目超越综艺形式、突破时空界限、打破文化传承困境等多角度突出的自身独特传播价值和社会意义，传递正确积

极的价值取向，为受众提供了高品质的精神文化体验。

（2）叙事人物：多角色的身份融合与文化共生。为形成立体式、全景观的叙事效果，节目一般会设计多个叙事人物同时出现，凭借他们各自的视野分别以不同角度切入叙事内部、以不同地位作用于叙事进程之中，以相互观照、彼此补充的动态平衡关系，为由浅入深地将抽象主题不失温度、不乏兴味的表达搭建起多元化的桥梁。

①情景化讲述的精神传递者与品格践行者。作为展开主要故事线索、推动叙事发展、铺陈叙事张力的重要角色，叙述主体通过其自身的语言、动作、神态等来表情达意并传递出丰富的叙事信息，在阐述精神、解读主题方面，具有联结抽象深刻的内涵价值与质朴简明表达方式二者之间不可或缺的叙事意义。以传承我国优秀传统文化为要旨的综艺节目，其中的叙述主体可大致划分为以下两类：

第一，毕生与传统文艺、古法技艺相携为伴的行业大家和他们的亲传弟子。他们在潜移默化中被传承数百年的优秀文化所濡养浸润，逐渐将其自身塑造成为联通古今的精神传递者。在各位行业大家各自熟稔亲切的生活化场景之中，在处处摆放陈列着各样精巧物事和专业工具的一隅小屋中，通过大师与徒弟的口头讲述和技艺示范，真实简约地传递出热爱与坚守、专注与凝练的独特魅力。作为中华优秀传统文化的守护者与人文品格的践行者，他们以己之身践行崇高精神追求，以己之力践行深厚品格涵养，让融汇于传统技艺中的精神信念与德行品格在心口相授的师徒传承之中生生不息。

第二，以自身专业为依托对优秀文化与传统经典加以现代化改编或个性化演绎的人。他们以自己擅长领域的专业角度为切入，深度发掘经典作品与传统文化中的精神品格和文化力量，再加以推陈出新的时代表达，赋予经典作品和历史底蕴更为新颖生动的形象呈现和理念传递。

②互动式交流的观点表达者与时代传播者。作为叙述主体的讲述对象和内容接受者，叙事客体具有丰富叙事角度、影响叙事节奏、烘托情感表达的作用，在观照众多叙事元素、调节叙事进程的同时提出个人观点、表达彼此见解，并适时与受众促成交流互动，为不断剖析明确主题价值提供思考方式和理解渠道。叙述客体主要设置为以下两类角色：

第一，以探访者、初学者的身份跨界拜访行业大家并进行实践式学习体验的人。他们肩负着对传统技艺和人文精神进行大众化传播推广的重要使命，大多都是在受众群体中具有较高知名度和广泛影响力的艺人。通过与名家大师、传统技艺、经典作品的近距离接触，他们以常人视角直观体验、循序发问，在亲切自然的观点交流和情感表达之间与叙述主体形成超越言语的情感交融和精神体悟，也有效地消减了节目主题和叙述主体对受众的距离感和陌生感，为中华历史基因与文化信念的时代传承搭建强有力的传输平台。

第二，以自身专业视角解读为出发点进行多角度文化解读和深层次价值品评的人。他们通过各自专业领域切入，对叙事内容加以背景介绍、历史回顾等基础信息的补充说明，肩负着对传统技艺、经典作品的知识普及与文化引领的主要任务。同时加以自身的观点论说和情感解读，既丰富了传统文化的时代内涵，阐明了人文品格的一脉相承，也为促进受众文化自信和文化自觉的提升提供坚实基础。

③趣味性与娱乐性交织的综艺化角色。为增加趣味元素、凸显综艺效果，在将传统文化的宏大主题和综艺节目的娱乐特性在内容与叙事角度进行相交融合的同时，还会设计用以辅助叙述主客体的其他角色。此类角色占比少却能形成以"配角也成戏"的传播效果，他们通常以趣味性和娱乐性为特质，以自身综艺风格鲜明的话语表达点缀式参与到叙事进程之中，以达到调节现场情绪、烘托节目氛围和增强节目吸引力和可观性的作用。

3. 传统文化传承类电视综艺节目的叙事风格的生活化营造

综艺节目作为叙事性影视艺术，通常通过对多种视听元素和叙事要素的组合搭配，在叙事节奏、情节安排和故事讲述等方面都形成具有典型特征的表达方式和艺术特性，从而构建起自身独树一帜的叙事风格。对承载着传统文化和历史人文的抽象主题，以故事刻画人物、表达内涵，以情感增进理解、拉近距离，形成以综艺性的生活化叙事风格，有效促使节目拓展受众范围从而达到雅俗共赏的传播效果。

（1）故事化叙事：文化内涵与精神品格的具象表达。在叙事学领域，形式从来不只是一种表层的文学征象，而是在更深层次上标志着某些本质性的内蕴。对故事化叙事风格的综艺节目而言，其自身注重寓艺术化表达手法于影像叙事之中，在场景的真实再现、人物的生动刻画和叙事的情节表达等方面具有鲜明特色。以传承传统文化为核心的文化类综艺，则通过剧情式结构和故事化叙事的手法为宏大主题的内涵阐释和崇高精神的人文演绎提供了具象化的生动表达，经由更为聚焦生活、贴近受众的叙事角度，创新搭配多种综艺形态，打破固有思维进一步重构了文化类综艺的独特叙事风格。

①"行业名家＋文娱明星"的真人秀模式。在传承传统文化的电视综艺节目与真人秀模式相结合的过程中，尤其注重真人属性与文化内核的相互搭配。通过以各行各业德高望重的名家大师常态化的口耳传授为载体，来彰显传统文化精神品质的深刻要义；以青年一代文娱明星跨领域、新视野的初学实践与亲身体悟的直接表达，来拉近与受众情感距离并提升核心主题知名度。在多角色、多身份的嘉宾设置中，将节目文化魅力与综艺特性深度融合，借助基于纪实性手法拍摄的"自然发生"和情节化叙事表达的"综艺趣味"二者共通互融的真人秀模式特性，依托更加具有代入感和浸润性的真实场景既延伸内涵价值又丰富综艺效果，由浅入深地感受传统文艺的精神力量和文化底蕴，也为传统文化的现代传承和文化综艺的类型原创开辟了重要渠道。

②"小人物＋大情怀"的访谈讲述模式。着眼于历史文化悠久、传统特色鲜明的领域和成就辉煌却鲜为人知的"小人物式"行业名家，以其质朴的生活趣味和执着的精神追求以及心无旁骛的专业信念，以最直接、最具代入感的人物访谈和嘉宾讲述为特色，基于口语表达的观点互动为节目的深厚主题构建起了平易近人的场景和情感交互的平台，直观全

景呈现时代洪流之中守护初心、始终如一的高洁品质。于一般大众而言，他们是热爱生活、烟火气息浓厚的普通人；于懂行知趣的业内人士而言，他们是技艺精湛的前辈、是专业造诣高深的名家，也是桃李满天下的大师，更是穷尽毕生精力忠于一事的行业信仰式的存在。作为优秀传统文化和精神品格在现代的鲜活承载者，他们大多历经岁月的沉淀和打磨，透过他们真情流露、随性表达的话语，在看似平凡简朴的形象之中蕴藏着传承自悠久历史文化的精神理念和精神宝藏，为时代精神与传统品格的熔铸和贯通做出坚定守望。

③"重温历史+情感诉说"的艺术创作模式。

第一，以《经典咏流传》为代表，在"读诗成曲，传承经典"的理念指引下，将经典诗词的人文雅韵和古典民乐的悠扬旋律相结合，通过以大众流行音乐为风格进行时代性重构表达，把朗朗上口的名篇佳作辅之以潮流化的音乐编曲，以唤醒受众对传统文化的同源记忆和家国历史的情感认知。将深藏于历经千百年依旧流存于世的诗词歌赋之中的不竭文化力量和优秀精神品质以传唱经典的方式，从音乐创作时对作品的深度理解和自我解读，到舞台之上情感充沛的演唱和品鉴专家团及观众的现场反馈，形成了多维度的情感交流表达和全方位的文化作品赏析。以经典佳作为载体、时代传承为要义，立足于当下文化视野搭建起基于专业解析和观念传递的古今对话桥梁，在重温跨越时空的人文情怀的过程中引发受众群体广泛的情感体悟与观念互通，促进传统文化在当代实现与时俱进的解读与脍炙人口的传承。

第二，以《典籍里的中国》为代表，在"打开典籍，对话先贤"的创作理念引领下，以穿越时空的舞台戏剧化表演搭配以文化讲解等元素，将凝聚中国无数先贤哲人心血的文化密码和文明理念生动鲜活地演绎出来。从对历经千年、传承至今依旧数量丰富的古籍典藏的精挑细选，到历史故事、传奇人物的深度剖析和艺术化塑造，再到戏剧舞台的设计搭建、戏剧情节的穿插组合，通过多舞台、多时空的话剧表演形式并结合以舞台剧的场景带入和访谈间的专家解读，融合众多艺术元素形成了极具艺术震撼力的节目表达模式，而其中凝聚着每一位创作者对传统文化内涵的自我认知与情感传递。

（2）情感化叙事：宏大主题与人文关怀的时代共鸣。情感化叙事核心目标即在于准确把握受众真正的精神文化诉求和情感共同基点，通过对我国优秀传统文化与人文品格的深度发掘和时代表达，从文化基因和心理情感上让受众获得归属感与荣誉感。我国优秀传统文化历经五千年灿烂历史文明积累荡涤出的精神力量与信仰源头，成为亿万中华儿女在当代最具认同感和归属感的文化基因。

以综艺形式和时代视角对其宏大主题和人文观念中的情感化表达进行深入发掘与全面解读，进而引发受众基于叙事本体的共情心理。将文化同根、血脉同源的观念浸润于受众的主观意识之中，在开辟出一套具有中国特色原创类综艺的叙事风格的同时，既在充分满足受众对高品质、高水平精神文化作品的需求之上凝聚了此类综艺的核心竞争力与社会影响力，也初步实现了唤醒文化自觉、树立文化自信和传承文化品格的积极传播价值，让传统文化在当代得以真正地广为传播和精神继承。

①以"人"为关注重点：素人形象阐释时代风貌。任何类型迥异、样态多姿的文学艺术创作活动都不能脱离"人"这一中心主体，立足于时代将每一个普通人形象背后所沉淀的历史文化、精神气质刻画呈现出来，实现对现实社会个体的人本回归和情感慰藉。

第一，突出强调以第一人称"我"为中心视角的主观理解认知和情感理念表达，在围绕核心叙事人物铺陈叙事脉络的同时兼顾多个叙事角色之间的交叉式直观讲述。一方面，作为叙述主体的"我"可能是技艺精绝的传统民间手工匠人，可能是精通传统礼乐制度和古典文化的天坛守护人，也可能是开辟一派戏曲风格并毕生热爱京剧的行业鼻祖，无论何种职业身份都是与我国传统文化及其典型载体息息相关的传承人。他们经由自身视角和亲身经历，在口传心授或观念分享的过程中所传递的精神品质和价值观念都是优秀的传统精髓在时代之中的鲜活表达和生动传承；另一方面，作为叙事配体的"我"大多是跨行跨界的青年艺人，他们一改往日屏幕形象，通过实地探访和主动实践在与名家大师的交流互动中，沉浸式感受传统文化和精神信念的强大力量和无限生命，也凭借自身的影响力和号召力进一步促成传统在现代的传播与推广，为中华优秀文化的时代传承提供强有力的助力。

第二，着重刻画在纪实风格表达特征下业界名家的鲜活形象，既有普通人的生活趣味也有超乎常人的品格魅力。通过个人专业领域的艺术追求和富有生活趣味的细节捕捉，在削弱主要叙事人物的身份疏离感和与受众之间的心理距离感的基础之上，以更为亲切贴近的日常化素人形象，呈现出真实可感的情感认知。

第三，充分挖掘主要叙事人物本身所具有的传统特质与时代属性的双重身份与情感表达，将其作为时代风貌与传统内涵的联结载体，为传统文化和精神品格的现代传承提供重要支撑与主流引领。

作为与传统技艺和文化载体终生为伴的叙事主体，他们在师徒传承、技艺学习、艺术感知和精神体悟的过程中，潜移默化地将优秀文化内涵和精神追求熔铸于自身观念之中，成为时代浪潮中传统文化的坚定传承者和亲践者。他们在见证了中华文化和悠久传统的演变流传之余，也真切感知到了传统与现代文化同源的一脉相承。他们以一己之力促进传统文化和人文品格在当代的深度融合，让传统技艺以更为开放创新的姿态与时代交融，让其所承载的传统文化在保持核心内涵精神不变的基础上更加凸显出生命活力和精神价值。透过素人形象的工匠们专注技艺与坚守传统的生活常态在纪录片镜头中的呈现，让以传统为核、兼容并包的时代风貌的魅力游刃有余地彰显出来。

②以"情"为突出元素：文化印记重塑文化认同

第一，通过对具有传统性和文化性的符号化造型元素的设计与呈现，营造文化氛围浓厚的叙事场景与环境，为初步唤醒受众对我国传统文化与文化传统的记忆提供基础性条件。

第二，通过对我国传统文化典型意向的艺术再现与视觉表达，营造具有中华传统文化特色和审美内涵的表达情境，为进一步深化受众对传统文化及其价值观念的认知和理解提供通感式条件。如《遇见天坛》和《了不起的长城》则是更加直观地将拍摄场地选择在北京天坛和长城关隘，而其中的每一座宫殿、每一处关隘都带有浓厚的历史气息和文化内涵，让这个在受众心中本就拥有极高熟知度的国家级名胜在节目内容层层剖析的过程中，将凝聚着我国传统祭祀文化和家国观念、军事思想的先哲智慧，富有感召力地传递出来。

第三，将时代主流价值观念和先进文化内涵与传统文化的核心精髓与人文品格通过多个人物的讲述、多重情感的传递以及宏大主题的平民化表达实现深层次的融会贯通，为最终达成对受众观念中由文化印记所唤醒的文化感知经过与现代文化和时代观念的搭配联通之后所形成的文化认同和文化自觉提供重要渠道和坚实保障。如《国家宝藏》经由我国最具代表性的国家级重点博物馆馆长精心推选出的镇馆之宝，通过"国宝守护人"对每一件大国重器前世传奇的解读式演绎和今生故事的亲历式讲述，力求让最具历史价值和文化精粹的文物珍宝破除时空和观念的束缚在当代鲜活起来，在更加年轻的群体之中焕发永久的生命活力和文化魅力。

4.传统文化传承类电视综艺节目的创新叙事策略

（1）提升自主原创能力，创立中国综艺品牌

①综艺视听与文化遗产的"跨界合作"。物质文化遗产和非物质文化遗产共同见证了中国的风雨兴衰，也凝聚了我国众多传统文学艺术领域所蕴藏的精神价值与人文品质。让中国优秀传统文化在经历岁月洗涤和历史磨砺之后依然拥有生生不息的动力和与时俱进的魅力，是我国树立文化自信的坚实基础和必要保障。而当下正是一个传播与传承同样重要的时代，立足时代视野传播发扬传统文化的优质内核，通过解读发掘我国传统文化的精髓要义，提炼出具有本土文化特色和理念价值的核心内涵，将其与潮流化的大众综艺进行创新性结合搭配。既能够让我国影视原创力量和创新力度在探索式发展中有效提升，也可以促进全社会范围内文化自信和文化自觉寻根溯源地与传统文化之间的紧密联通。

传统文化传承类电视综艺节目恰是基于国家宏观政策导向和我国综艺市场发展之间的良性互动与相互促进，以国民度极高的各类文化遗产为纽带将厚重的历史人文价值同多元受众群体紧密联系，通过巧妙立意将综艺视听表达和传统文化内涵进行深度结合。一方面，秉持着内容至上和价值为核的制播理念实现了精英文化和大众文化的交融式传播；另一方面，在唤醒行业社会责任意识和传承使命意识的过程中为促成我国综艺的理性回归和品质凝聚提供首创性经验借鉴。此外，也为观照传统文化、树立时代文化价值观念搭建起了口碑载道的情感共同体。

将我国优秀传统文化精髓和当代现实人生百态相互交织，通过现代化大众传媒展现出文化遗产特有的审美价值，中国传统文化传承类电视综艺节目所开辟出的"传统文化+综艺"的全新模式，不仅为我国本土综艺原创模式提供了特色鲜明的发展渠道，更为优秀文化和崇高品质的大众化传播开辟了引领式探索的成功经验。传统文化与时代潮流的一脉融

合、大众传媒与综艺节目的共同助力，让综艺不再拘泥于泛娱乐化的肤浅雷同，让文化遗产不再刻板僵硬地禁锢在只言片语的史料典籍之中，这样雅俗共赏的魅力成为近几年不断涌现的传统文化传承类电视综艺节目达成受众口碑与节目价值双赢成果的关键。

②个体表达与时代号召的"和谐共鸣"。作为宏观层面存在的时代，是一个抽象化的概念表述，它包括经济基础与上层建筑在内的全部社会要素，既有主流文化价值、精神观念的整体呈现，也有社会成员在其中发展变化的特征聚焦。而身处时代浪潮中的个体，既是高度浓缩的时代精神和社会风貌，也是微观层面的独立存在和个性表达。在既关注个体意愿表达又接收时代信息号召的同时，寻找个体与时代之间情感诉求与观念认知的共同交集，成为挖掘二者之间共性与个性对传统和时代两大特质的传承与显现的重要着力点。

传统文化传承类电视综艺节目借助生动可感的真实人物与现实风貌让更多受众拥有个人情感的代入与思想交融的体悟。从执此一生终于一业的传统手工技艺匠人和投入毕生热忱追梦舞台的京剧艺术名家，到将全部心血与热爱熔铸浇灌传统诗词的时代音乐人和对文化寻根和传统经典拥有强烈好奇心、求知欲的艺人嘉宾，再到以自身之专业能力守护一方国宝重器和历史文物的文博行业专家以及真情实感演绎前世传奇和推介今生故事的国宝守护人。出现在该类综艺节目镜头里的每个人所处的领域、所专注的事业都是联通古今又与时俱进的传统文化力量在时代中的生动表达，而镜头中每一个人也是时代浪潮下的最为普通亲切的鲜活个体。

节目以宏大主题为核心另辟蹊径以个体作为切入视角，透过小人物的真实生活和从事行业观照时代风貌与传统品质的交织融通，并通过大众传媒的广泛影响力和空前引领力开辟时代与个体文化认知、情感观念、价值取向等多维度同频共振渠道，从而更为贴切地传递出节目对我国传统文化的精神要义和关注时代表达的新颖魅力两大层面的并重，以及凭借自身之力呼唤感召更多人一起形成文化认同的社会氛围、促成文化自信的精神以及达成文化自觉的国民素养。

③拓宽传统文艺表现载体，丰富原创节目类型。我国优秀传统文艺作为古典高雅文化的典型代表，很长一段时间以来都因缺乏生动亲民的传播形式而一度被大众文化所孤立，而传统文化传承类电视综艺节目将承载着传统文化精髓的文艺载体逐一拆分，将具象化实物载体进行影像化呈现，作为文化传递和情感表达的纽带和渠道，让受众在更加亲切易感的叙事进程中由文化记忆的唤醒到文化共感的交流循序渐进地达成精神理念的互通。

从最具传统文艺精粹的京剧艺术、昆曲艺术，到最具历史文化价值的传统建筑宫殿群天坛、国家级文物重器，到最具品格精神和人文理念的传统古诗词名篇佳作，再到传承千百年、巧夺天工的传统手工技艺和匠心独运的大国工匠，无一不是中华数千年历史文明积累传承至今的文化遗产和精神瑰宝，也是我国优秀传统文化品格和人文理念的具象化集中体现表达，更是凝聚力、文化自信心的核心所在。通过对形式多样、种类丰富的传统文化艺术载体进行综艺表达和时代传播，以仪式化的现实场景烘托文化认同感，以科普式的内容讲述传递文化价值与人文理念，在兼容并包满足受众多元化审美诉求的同时从情感认同到行为自觉重新构建传统文化在普遍社会个体意识中的人文价值和内涵品质。

坚持以文化人、以文喻人，挖掘利用中华优秀传统文化、革命文化和社会主义先进文化资源，制作播出更多有思想深度、精神高度、文化厚度的文化类节目，为传统文化传承类电视综艺节目的出现与发展提供了强有力的政策支持与创作理念引领。而该类综艺节目在近年来稳步成长壮大所取得的多方成绩与受众认可，一方面从国内综艺制播的角度体现了我国广电传媒业界对国家重视优秀传统文化及其在当代推广与传承的积极响应；另一方面从传播效果反映出了我国受众当前对优质视听文化产品高标准的审美诉求和情感期待。以大众传媒为载体、优质传统文化为核心，不断挖掘文化与综艺的多样化创意类型，以促进景观化媒介生态文明的形成；力求打造具有我国本土特色和文化特质的原创类精品综艺，并逐步构建具有中国气韵和中国精神的原创类综艺制播模式。同时，为形成更广范围内社会个体对传统文化与精神品格的文化记忆、情感认同和行为塑造提供重要现代化传播推广渠道。

（2）坚守影视创作本心，构建文化认同

①培育文化品格与引领大众审美的动态平衡。作为我国本土自制原创类型的视听产品，传统文化传承类电视综艺节目既填补了国内原创节目匮乏、缺少本土特质的综艺市场空白，也率先尝试实践了对深刻文化主题的影视化传播，一经推出就引起多方关注并收获广泛好评。此类节目掀起节目品质、文化底蕴等相关话题讨论热度以及引领更多年轻人关注、了解并学习传统文化潮流等现象的背后，追根溯源是其自身在依循影视艺术规律、把握当代传播环境的基础之上，对我国优秀传统文化的精神内涵与人文品格进行"素人式"解读和"草根化"表达，将深厚丰富的文化品质通过众多可视可感的叙事元素多维度彰显出我国传统文化生生不息的恒久魅力，同时也侧面反映出当下受众审美心理的真实需求与情感诉求。

一方面，将传统文化和人文精神的强劲力量注入受众喜闻乐见的综艺形态之中，摒弃了以往表层化、浅显化文化节目的同质化呈现方式，让文化价值和人文理念通过饱满鲜活的叙事人物和亲切易感的叙事内容以及真实记录的叙事理念贯穿于节目始终，在传播文化精髓的同时潜移默化地培育具有共通文化印记和价值观念的大众审美，从而进一步提升受众审美品位和审美能力；另一方面，以影视从业者"匠人匠心"的精品制播为支持，在与综艺本质互不冲突的前提下，选取多样最具中华文化和精神特质的象征性载体进行影视化展现，并将视听元素依照节目自身微观视角和平民化叙事风格进行首创式组合搭配，让中国文化的时代传播和美学表达从赏心悦目的视听层面到悦心悦意的情感层面，再到悦智、悦神的精神层面全面贯通达到了前所未有的品质高度。以优质传统文化为内核，将传承和推广作为节目传播目标，在丰富受众精神文化生活的同时与受众高水平审美的主观感受力形成良性互动，并逐步实现二者的互助发展。

②传承传统文化与弘扬时代风貌的互促发展。在综艺市场因内容同质化严重、原创力匮乏等诸多原因陷入困境之时，传统文化传承类电视综艺节目之所以能够掀起空前关注度和号召力，恰是准确把握了时代与传统的双重内核。一方面，以时代潮流前卫之眼光审视、挖掘、解读传统文化厚重丰富的内涵价值并将其与时代风貌、当代文化紧密联合；另一方面，着重将最具前沿性、吸引力和代表性的制作模式、传播渠道以及创新要素进行有机结合，将以传统文化的优秀内核为主体、可视可感的鲜活影像结构为综艺形式，让受众在视听审美享受之余深切体悟我国文化品质与精神魅力。

从综艺内核的重新塑造、节目理念的自主创新，到传播渠道的联动尝试、传播价值的现实传递，传统文化传承类电视综艺节目在追求自身艺术品质和文化含量的同时，将节目的号召引领与社会价值以及文化教育和普及的功能也放在重要位置。作为高品质综艺创新制播的硬件基础，广大从业者从对我国综艺市场和受众群体特点等方面的全面了解着手，对当下传媒生态环境和综艺类型制播土壤进行系统考察，从而针对现存市场空缺和受众隐性需求逐步推出系列传统文化类视听新品，为我国本土综艺类型的创新发展开辟道路。

从源远流长的优秀传统文化切入，深度剖析和理解其自古至今从未因历史风云的变迁而断流匿迹的强大生命力和包容性，从而从中汲取历经时间的考验和时代的洗礼所打磨出极具本土文化特质的精神力量和人文底蕴，将其作为综艺品质核心价值的首要保障。同时，将我国优秀传统文化在与时俱进的发展演变过程中不断丰富充盈的外在表现形式作为综艺呈现内涵价值的重要物象载体，搭配叙事人物一同在叙事进程中促成受众的文化共情与审美感知，为节目实现绵延文化力量和传递精神品质的传播价值提供关键手段，从而引领受众自发自觉地关注传统文化、积极学习传统精神内涵，为形成以文化自信为基础的文化自觉提供重要推动力。

四、传统文化的融媒体应用

（一）挖掘并提炼传统文化精神标识

人们把优秀传统文化的精神标识提炼出来、展示出来，把优秀传统文化中具有当代价值、世界意义的文化精髓提炼出来、展示出来。中国传统文化代代相传，并在流传中形成了具有当地特色的文化样本和风俗特色。传统文化传播活动之所以能够在短时间内产生巨大的社会反响，除了其极具艺术魅力，能吸引受众之外，也离不开融媒体视域下传播方式的创新。

（二）整合资源，增强影响力

融媒体的发展让媒介载体更为多元，广播、电视、报纸等传统媒体和网站、微博、公众号等新兴媒体的互补整合，使传统文化传播的范围更广、速度更快、内容更丰富、互动方式更多样，推动了传统文化的传承与发展。融媒体视域下，传播平台覆盖传统的纸媒、网站、微博、微信、客户端等。

（三）创新性突破和升级

融媒体传播让传统文化的传播路径得到了拓宽，新媒体不断与传统文化传播方式融合，实现传统文化创新性突破和升级，积极推出形式多样的融媒体产品，通过文化传播方式的创新，让广大受众了解中国传统文化发展历程，不断增强文化认同感和文化自信，提升文化传播的有效性。

为积极宣传城市，可以将传统文化和旅游文化相融合，举办特色活动，将传统文化宣传与文明城市建设创新融合，让广大群众在旅游休闲之余体会当地文化背后的历史情怀。

第四章　传统文化引领教育发展创新

第一节　传统教育思想解读

一、中国古代著名教育家的思想

中国古代著名教育家众多，下面解读孔子与老子的思想。

（一）孔子的思想与教育

1. 怀抱"学而优则仕"的教育理想。一个人成才的关键是学习成绩优良，也就是说，求学须学好知识、掌握本领，拥有远大理想，以"学而优则仕"的思想，为全民创建学习思想和价值导向。

2. 开"有教无类"的平民教育先河。孔子提出这一重要的教育理念，诠释出育人的真谛，人人都有接受教育的权利，不管出身怎样，都可入学。这完全不同于贵族的办学方针，这种打破世俗的革新，让平民拥有了学习的机会，这是历史性的进步。

3. "仁"的精神，"礼"的教育。孔子教学以"六艺"为内容。"六艺"即礼、乐、射、御、书、数。其中贯穿教学内容始终的是"仁"和"礼"。孔子主张以"礼"为道德规范，以"仁"为道德准则，凡符合"礼"的道德行为，都以"仁"的精神为指导，因此，"礼"与"仁"成为道德教育的主要内容。孔子说"君子去仁，恶乎成名？君子无终食之间违仁，造次必于是，颠沛必于是"。不论何时何地，君子始终都要保持仁德。仁德表现在两方面，即"忠与恕"。朱熹认为"尽己之谓忠，推己之谓恕"。"尽己"就是"己欲立而立人，己欲达而达人"，"推己"就是"己所不欲，勿施于人"。

4. 形成一套教学方法，学思行结合、因材施教、实事求是。最早将知行合一、学思结合的教学观点引入教学过程中的是孔子，他的思想被儒家后学继承并发展，然后以孔子的名义将教学理念总结为"博学之，审问之，慎思之，明辨之，笃行之"，其中，"博学""审问"属于"学"的过程，"慎思""明辨"是"思"的过程，"笃行"则是"习"和"行"的过程。此外，因材施教和启发式教育同样是孔子所提倡的教育理念，教育重在循序渐进。

总之，"孔子教育思想博大精深，深刻影响后世"。^①当中国已进入全面建设社会主义现代化国家的新时期，重温孔子的教育思想，全面深入挖掘孔子教育思想中的有教无类、因材施教、大同思想对发展我国教育的当代价值和现实意义，对增强文化自信，开创中国特色教育发展之路，建设具有本土特色的教育理论体系，促进教育高质量发展，具有十分重要的意义。

（二）老子的思想与教育

老子的教学理念是将无为作为教育的基本特性，作为我国著名的哲学家、思想家及教育家，老子将教育的价值取向定义为尊重人的个性发展规律及顺应自然的本性，是现代教育发展的珍贵的理论基础，以下三方面为老子教育思想的具体体现：

1. "道法自然"，顺应教育规律教学。"道"的规律就是宇宙万物发展的总规律，所以，对待任何事物也是顺其自然的。老子从教育视角，主张教育须依照教学规律及办学规律，在教育学生的过程中，认识学生的本性，遵循学生的客观实际，做到因材施教，这些便是老子道法自然理念的具体体现，即"道法自然""绝仁弃义、绝巧去利"。

2. 提倡"行不言之教"。教育者应当以身作则，对受教育者进行感染及感化，在老子的教育观中，教育者要采用不言之教，帮助受教育者学习他人的智慧、洞察力，让学生能够对自己的言谈举止进行深刻反省，从而实现"自胜者强"。

3. 提倡平等，"一视同仁"。老子有言："善者吾善之，不善者吾亦善之，德善信者吾信之，不信者吾亦信之，德信。"与人为善、平等待人，这就是做人的基本德行，也是教学实践的基本素养，无论遇到的人品性善良与否、诚信与否，都须以一颗诚信、善良之心对待他们，这样自己也将会得到同样的对待。同样道理，在教学实践中，教师一样需要具有这样的素质，也就是老子提倡的"一视同仁"。在教学中，教育者须平等对待每一位受教育者，不管其属于哪类人，都应当充满耐心，帮助其改变不好的习惯，改变错误思想及行为。

4. 换位思考，修身养性，平和心态。老子的辩证思想对现代教育中教人如何保持良好心态有一定启发意义。人生充满变数，一生中将会遭遇各种际遇，这便需要人们以一颗平静的心，泰然处之，淡然看之，适度把握，洒脱做人。对年轻人而言，感情热烈奔放，情感容易不受控制；当遇到事情时，容易冲动，感情用事。年轻人应当适当掌握事情的动态，做到处事不惊，淡然应对。总之，我国的教育思想有着深厚的历史渊源，也使学生的各种才能得到发展，并日臻成熟。

---

① 丁勇．孔子教育思想及对当代特殊教育的启示［J］．现代特殊教育，2021（19）：4.

二、传统教育思想的作用与特征

（一）传统教育的社会作用

孔子是最早强调教育的社会作用的教育家。人们多从推行化民成俗、建国君民的一般意义上认识教育的社会作用，而科举考试主要考其经学、诗赋、策论等，这就必须经过学校教育，使教育与治术人才的培养和选拔直接联系起来。王安石对教育的作用论述得更为系统、完整，明确地把教育作为推行变法、治理国家的重要手段，认为变法要靠人去推行，而人才的培养主要靠教育。古代教育家对教育作用的高度概括和精辟阐述，对人们认识教育的作用，克服忽视教育的片面观点很有启发意义。

（二）传统教育的尊师爱生

中国古代教育家大都直接从事教育教学工作，对教师的甘苦深有体会，对教师的条件、修养等要求都有明确的认识，对如何处理师生关系也有很深的感受。

1. 教师的条件与修养

教师的修养始终是中国古代教育家普遍关注的一方面，在孔子看来，教师不仅要对教育工作热爱有加，拥有高超的教学技艺，还要拥有丰富的知识及高尚的道德情操，所谓"发愤忘食，不知老之将至"，教师要成为一生勤奋好学之人。

（1）具备"学而不厌"的精神。应当随处学习，无所不学，"不耻下问""三人行，必有我师焉。择其善者而从之，其不善者而改之"。要想使学生能"告诸往而知来者"，教师就必须能"温故而知新"，这样才可以教育好学生，"温故而知新，可以为师矣"。

（2）具备"诲人不倦"的精神。这种精神集中体现了教师的崇高精神和高尚品质，是教师根本职责所在，这是孔子的教育主张。在他看来，教师须将教学的全部情感倾注在学生身上，拥有"爱焉能勿劳乎，忠焉能勿诲乎"的高度责任感；对学生一视同仁，不管哪种学生向其请教问题，都会耐心解答，毫无保留地给予教诲，这就是教师的"无私""无隐"。

（3）具备"以身作则"的精神。孔子的教学理念是身教大于言传，以身作则是其强调的教学方式，教师须为学生做出表率，也就是所说的"其身正，不令则行；其身不正，虽令不从""不能正其身，如正人何"？（《论语·子路》）提出的"无言之教"对学生产生了极大的影响，教师须博闻强识，拥有如下四个品质：①教师须守住自己的尊严，得到他人的信服；②教师须拥有丰富教学经验和强大的威信；③教师传授知识的过程中，须做到有条不紊，条分缕析，系统性传授知识；④了解精微的理论而且能解说清楚。

2. 师生关系

中国古代教育家提倡建立良好的师生关系，如孔子热爱学生，对学生的思想品德、知识才能以及日常生活无不关怀备至。他关心学生的志愿，多次让学生"言志"，并加以引导；关心学生的出路，根据学生的专长推荐给上层统治者；关心学生的学业，在教学中"无私""无隐"，学生家中生活困难，他设法给予帮助；学生有病他亲自探望；学生不幸早亡，他悲恸欲绝。孔子对学生的热爱赢得了学生的尊敬。学生们敬佩孔子道德高尚、学识渊博、教人得法。

（三）传统教育的自省思想

1. 注重教育的可能性

在春秋战国时期，人性与教育的关系问题已经成为许多教育家注目的焦点。孟子、荀子是继孔子之后，直接讨论人性的善恶及其与教育的关系问题并进而探讨了受教育的必要性和可能性的儒家代表人物。孟子肯定人性"善"，认为人生来就有不得而知的"良知"，不学而能的"良能"，人人都有恻隐之心和羞恶、辞让、是非之心，而这些正是仁、义、礼、智等观念的"善端"，从而肯定了教育的可能性。孟子又认为，虽然人具有良知、良能等先天善性，但其关键是能否保存得住，教育的作用就是收回散失的善性加以存养扩充，用他的话来说就是："学问之道无他，求其放心而已矣。"（《孟子·告子上》）只要用心学习，依赖后天的教育人皆可以为尧舜，肯定了后天教育的可能性和必要性。

孟子的性善论和荀子的性恶论，表面看来是针锋相对的，但作为教育理论基础的探讨，却是一致的，都充分肯定了人受教育的必要性和可能性。只不过孟子更多地注重教育的可能性，荀子则更多地注意到了教育的必要性。

2. 突出教育的必要性

教育在社会经济的发展中发挥着重要作用，在整个社会大系统中也发挥着重要的作用，直接关系着社会经济的发展。孔子把教育放在治国治民的首要地位，看到了教育对治理国家、安定社会秩序所产生的重要作用，其思想产生了深刻的影响，促使文化教育得以充分发展，并对社会的和谐、稳定起到了积极作用。

3. 突出德育的必要性

中国古代教育家认为道德教育和知识教育应同时进行。孔子说："行有余力，则以学文。"（《论语·学而》）同时又说："好仁不好学，其蔽也愚。"（《论语·阳货》）其弟子也总结说："子以四教：文、行、忠、信。"（《论语·述而》）在中国古代教育家看来，道德教育应该居于首要地位，智育主要是为德育服务。德智之间，"行己有耻"与"博学于文"之间存在着相互依存、相互渗透的关系。但是，中国古代教育更重视德育，教学内容始终把德育放在首位。

4. 启发主体的自觉性

中国古代教育注重自我修养，强调启发主体的内在自觉性。中国古代教育强调人心中具有一种价值自觉的能力，自省、慎独、自我修养、自我完善、自我求取在人伦秩序和宇宙世界中的和谐。孔子认为人要善于自我省察，及时发现自己的缺点和不足，严格进行"自省""自讼"，还要进行自我克制，"克己复礼为仁，一日而克己复礼，天下归仁焉"。使自己的视、听、言、动都要符合社会规范，并力图做到"从心所欲不逾矩"的境界。孟子更加强调"反求诸己"。

荀子也提倡"日三省乎己""见善修然，必以自存也；见不善愀然，必以自省也"。这种重视启发内心的觉悟，相信主体内在力量的观点，是中国古代教育思想的一个重要特点。

5. 注重因材施教

中国古代教育家积累下来的成功的教学方式很多，但是需要注意学生的个性差异，随时随地根据不同的条件、环境变换教学方式。

孔子就非常注意观察学生的所作所为，了解学生的经历、兴趣、爱好，对学生不仅"听其言而观其行"，而且还要"退而省其私"（《论语·为政》），即考查学生课后私下的言谈举止，全面掌握学生的特点和实际情况，采取相应的教育方式。他针对学生的不同性格特点，有时从优点方面分析，有时从缺点方面分析，有时对不同学生做比较分析，根据不同学生的特点对同一问题做出不同的回答。

三、中国传统教育思想的启迪意义

（一）培养优良的人格素质

教育的重要性是我国古代教育家较早关注的问题，教育是治国治民的首要任务，"教育、财富、人口"被孔子定义为"立国"的三大要素。在《礼记·学记》中，对教育作用给予了明确的说明，即培养人才为国所用，打造良好的社会道德风尚。

接受教育，关乎家庭、社会及国家，而非局限于受教育者个体。出于对教育社会作用的高度重视，从孔孟、庄子直至宋明理学，都把"做人"、培养"仁爱"之心作为教育的首要目的。孔子把知、仁、勇作为君子应有的三种品德："知者不惑，仁者不忧，勇者不惧。"（《张载集·语录抄》）其中智是前提，仁是核心，勇是表现。孟子则提出了"大丈夫"的人格理想，他说："万物皆备于我矣。反身而诚，乐莫大焉。强恕而行，求仁莫近焉。"（《孟子·尽心上》）孟子认为世上最珍贵的东西不是物质财富和权力地位，而是存于每个人内心的道德品质和精神境界，所以，大丈夫应该"富贵不能淫，贫贱不能移，威武不能屈"。这些观点与人们今天倡导的诚实守信不谋而合。

墨家虽与儒家相对立，但在重视德育这一点上却是相同的。在对受教育者进行人格培养时，经过科学探索，得知德育教育者的首要任务是帮助受教育者对社会的行为规范有一定的了解，从蒙学开始发展其道德选择、道德判断、道德理念等认识能力。一旦利益与道德、感性与理性发生冲突时，可通过"强恕而行"的方式，凭借坚强的意志力和道德理念对个体心理矛盾进行调节。教育在个人、家庭、社会及国家各层面，具有不同的功能：就个人而言，个人通过教育，容易被社会接受，人在其中可充分体现自己人生的价值；就家庭而言，教育可以福泽后人，光耀门楣；就社会而言，教育可使社会处于一种良性发展的和谐状态；就国家而言，教育具有"稳定社稷，安抚民心"的社会教化功能。因此，中国古代教育强调历史使命感、道德责任感，重视德行培养，提倡发奋立志，发扬不计个人得失成败、不问个人安危荣辱、以天下为己任的精神。从理性化的知识社会中发展出来的经济叫作知识经济，该经济的发展环境具有诚实守信的特性。

身处知识经济时代，人除了须具备诚信、道德、正义等人格，还须严守法律法规、获得现代化科学知识，以及拥有优良的人格素质。众所周知，中国古代德育中一直倡导和强调的"诚实守信"便是市场经济成功的核心和关键。

（二）发挥学生的积极主动性

现代社会是竞争激烈的社会，素质教育便是行之有效的方式，学生通过素质教育可以将外界的压力转化为个人的危机感、竞争欲及求知欲，使得学生成为自我教育的主体，发挥学生的积极主动性，激发身上潜在的能力，这些恰恰是中国古代教育家一贯的主张。教育方式决定了一个人创造力的大小。在模式化教育中，所谓的好学生是能够完全复述教师的讲课内容，一旦超出教师授课的范围，即使找到解题的方法，一样不会得到认可，这便是问题所在，因此，需要大力提倡创造性学习，改革教育模式。

（三）倡导终身学习思想

汉代王充强调立志，发愤图强的学习思想与当今社会中所强调的终身教育，不谋而合。在王充看来，成功的希望在于终身学习。王充主张"宿习"，并认为在学习的过程中要像大海汇合百川一样，兼容众家，避免浅陋狭窄。

北宋著名的教育家张载也特别强调终身学习："知学然后能勉，能勉然后日进而不息。"（《正蒙·中正篇》）所以其劝诫学生学习只有终身继续不已，学问才会"日增日得"。张载还勉励学生在遇到困难和曲折时，更需要坚持不懈地努力："今人为学，如登山麓，方其迤逦之时，莫不阔步大走，及至峭峻之处便止。须是要刚决果敢以进。"

随着科技日益发展，社会不断进步，社会中各类生产部门的管理者和劳动者面临着巨大的竞争和压力，他们只有在短时间内适应不同的岗位要求，方能在职业频繁变动、知识飞速发展中站稳脚跟，因此，这就需要加强学校教育，改变传统的单一教育模式，将受教育者培养成可以适应不同工作、具有终身学习欲望及能力的人才，创造教育新模式。

第二节 传统文化对教育产生的影响

优秀传统文化与当代教育相结合，可以在很大程度上提高学生的文化素养和思想道德素质，要延续和发展文化需要将二者融合，这能够影响国家的前途和命运，在中国特色社会主义前进道路中起到重要推动作用，对当代学生起到引导作用。

一、教育与传统教育概述

（一）教育的特征与要素

教育是指教育者对受教育者的身心发展进行影响的一种社会活动，这种影响是按照特定的社会目的和要求，自觉地施加的有目的、有计划的影响。首先从教育的本质规定性入手。本质规定性是指教育本身固有的与其他社会活动相区别的特性，不仅决定着概念的内涵和外延，而且决定着一个概念是否具有自己独有的领域。从教育实践角度看，学校教育的特性：①学校是专门培养人才的机构；②学校教育的基本任务是培养和造就人才，发展人的素质；③学校教育是目的性、组织性、计划性最强的系统性教育活动。

1. 教育的特征

教育是人类特有的一种有意识的社会活动，从而将动物的本能行为与人的教育行为区别开来。教育是人类有意识地传递社会经验的过程，从而扩大了人的认识范围，加速了个体和人类认识能力的发展，促进了人类教育和学习的生理基础——身体与大脑有了较快发展，这种发展反过来又为高效率的教育和学习活动提供了优质条件。

教育是以人的培养为直接目标的社会活动，它不同于以物质或精神产品为直接对象的活动，也不同于以人为直接对象而不以传授社会经验为主要内容的活动，也不同于虽然以人为对象主要传授信息和社会经验，但不是以培养人和促进人的发展为最终目的的活动，更不同于向人以外的对象传递社会经验的活动。

2. 教育的要素

（1）教育者。教育者即教育活动中以教为职责的人。教育者是教育教学活动的组织者、引领者、实施者，其在教育活动中发挥着主导性的作用，是教育活动中"教"的主体，在教育过程中居于领导、控制的地位，教育者的委托人是社会，在教育的过程中扮演的是社会要求的体现者，教育者根据既定的目标和计划对教育对象进行调整和控制，甚至会影响到整个教育的过程。离开了教育者及其有目的的活动，也就不存在教育活动。

（2）受教育者。受教育者是指在教育过程中以"学"为职责的人。受教育者是教育的对象，是学习的主体，是构成教育活动不可或缺的基本要素。教育者的教育作用必须通过受教育者的主动响应，自觉接受和自我内省才能得以实现。

（二）教育与中国传统文化的关系

传统文化是文明发展的重要因素，在现代化发展进程中，教育的实行离不开文化，传统文化为其提供教育养分，影响最为深远的莫过于中国古代原创性教育思想成果，在推动现代大学理念创新时，可以对原创性教育思想进行梳理并探究，将其作为可供借鉴的传统文化资源。

1. 教育既传承传统文化，又革新传统文化

当今社会，在文化多元化发展的同时，文化冲突也频繁出现。此时，教育调节整合文化间矛盾和冲突的作用则体现出来。教育的责任不仅要传授传统文化，更要强化文化认同感。当代研究者谈论的热点问题中不乏道德教育和道德实践相矛盾等。通过对目前存在的难以解决的问题的研究和分析，可以发现传统文化教育缺少是原因之一。为了缓解这些问题，需要将中国传统文化教育应用到各学科的各阶段中。

2. 中国传统文化为教育提供丰富的教育资源

中国传统文化是多元化的，包括仁爱友善的人际关系传统，自强不息的人格精神，勤俭节约、艰苦奋斗的优良作风以及刚强弘毅的气节等。这些内容在教育中都应该有所体现，不可或缺。

教育也是一种文化，我国传统教育思想是在中国悠久的历史文化中培养出来的，是中国传统文化重要组成部分。时至今日，中国古代教育对现代教育仍有着深远影响，包括：教育要以人为本，要有爱国主义献身精神，要通过对真理坚持不懈的追求塑造人的灵魂；在道德上要以修身、慎独、克己的品格要求自己、完善自己。

二、传统文化对教育的作用

（一）树立正确的人生观、价值观

教要做到上施下效，育能让人向善，所以，教育的作用在传统文化中也有所体现，帮助人们深入地了解教育，并可以用礼、义、仁、孝阐释传统文化中蕴含的传统优秀品德，比单纯的应试教育拥有更加系统、完整的教育意义。

中国传统教育对人才的要求既有德也有才，具备君子品行。由此可见，古代教育不但注重技能教育，而且重视对人文品德修养的教育。这从多样化的科目分类，如礼、乐、射、御、书、数等中可见一斑，这些课程的开设，有利于受教者形成良好的人文品格，有些项目虽然从技能型入手，但是其最终目标是让受教者得到道德精神和人文品格的提升。

中国传统文化最为突出的价值观念是崇尚道德。在中国传统文化中，个体目标不能缺失道德和人格品质，如此才能是理想化的生活。在这种大环境影响下，教育的重点也必然

会放在德行品质上，形成中国传统教育特征，即伦理教育，这种教育理念认为道德品质的修为和人格修养应该是人生的重要事项，其次才是知识技能的教育。这一教育理念对现代教育具有一定参考价值。

中国优秀传统文化在现代教育中的作用是不可忽视的，传承下来的都是精华，是先贤们的智慧结晶，其中蕴含的深刻意义和道理是不可多得的优质财富，对现代教育有着重要的指引作用，有必要将其传承下去。

传统文化还能引导学生形成正确的价值观和人生观，而这是一项长期的、艰巨的任务，需要具备较好的忍耐力，从全局出发，如此才能成为一个高尚的人，有益于人民的人。市场经济具有强大的改造力量，还隐藏着反文化的旋涡，让传统文化的传承和精神世界的丰富受到一定冲击，导致个人主义、功利主义大行其道。因此，虽然科学技术和经济获得空前发展，但是也不能忽视人文精神的教育和传承，物质文明是社会发展的一个重要因素，同时要清楚精神文明也是促进社会进步的另一个不可或缺因素，尤其是当代学生，要注重自身人文素养的培养和提升。

（二）培养爱国主义精神

爱国主义是中国传统美德，也是中国在世界占有一席之地的重要精神动力。时代在发展，国家在进步，而爱国主义将是永远不变的重要品德，忠诚爱国是国家和社会需要的人才必备条件。

当代学生肩负发展社会主义事业的重任，必须对国家具备深厚的感情，才能为国家发展贡献力量。因此，加大力度进行自尊心、自信心的教育，重视文化精神的传承是现代教育必须重视的内容。这就需要从传统文化教育入手，让学生具备一定的社会责任感和爱国主义精神。

（三）拓宽学生的学习视野

学生群体具有强烈的好奇心和求知欲，丰富的精神食粮是其成长所必需的，并且在新知识、新事物上具备较强的学习力，而学校教育可以满足他们强烈的求知欲。而学校教育融合传统文化教育，则对开阔学生视野具有一定积极意义，有利于培养学生辨别是非的能力。

中国传统文化历经五千年变迁和沉淀，是祖祖辈辈智慧的结晶和心血的浓缩。传统文化教育能够培养学生思维能力，为其创新打下基础，获得成长和进步。

（四）推动良好校园环境形成

校园是学生学习和生活的主要场所，学校的建筑、各种教学教育配套设施，以及其他各种物质环境，都对学生的内心世界、性情甚至志向等有着潜在的影响，都对培育优秀的学生品质、造就学生开阔的人生格局起着不可忽略的作用。

一个好的学校，如果有着优美的校园环境：花池、草坪、假山、平坦广阔的操场、整洁的宿舍、明亮的教室、温馨齐备的图书馆等，将会对学生的身心有着非常好的"滋养"作用，使他们随时释放学习压力、净化心灵，塑造好的人生格局，所以，学校在加强教师教学质量的同时，也应该重视对校园环境的建设。物质景观和实体环境一起形成了校园环境，其中，尤为突出的是人文环境，它是由学校的校训、校风等形成的，通过人文环境对学生的精神文化形成影响，促进学生规划自己的人生和追求理想。从对学生的影响作用来看，校园的景观环境和人文环境的作用是同等重要的，缺一不可，而且各知名院校的校风、校训都跟传统文化有着非常紧密的联系，基于传统文化所形成的校训、校风都是良好校园环境的基本组成条件，为培养学生成才创造了非常有利的条件，使得学生的发展更加顺畅、更加快捷，有利于学生形成正确的价值观，培养学生的辨别能力和鉴赏能力，使其获得更加长远的发展。

（五）针对性引导学生的价值取向

中国传统文化中所体现的人生观、价值观并非为了评判和评价现有的价值观和人生观。传统文化历经多年的发展和沉淀，具有一定的历史性，更具有与时俱进的特性，对国人的影响也是潜移默化的，尤其是对学生的成才和发展有着积极的影响。学生在传统文化的熏陶下可以更全面地看待自己的优缺点，对自己的人生规划更加理性，并形成自己的价值尺度，而且在这个过程中还能通过自我激励、自我反思获得新的价值观念。

（六）为学生的实践行为提供参照

现代社会高速发展，对传统价值观形成很大冲击，这就更加需要利用传统文化为学生保驾护航，使其对价值观、人生观有着正确的认识。传统文化中任何一种思想的存在都具有一定现实意义，能够引导学生学会做人、学会处世，更有利于引导学生形成自己独特的见解和规划自己的人生。

在教育中，价值观对学生的成才有着不可取代的重要意义，尤其是在现代社会中，教育价值的影响对学生的作用更为突出，在教育中始终坚持社会主义先进文化的导向作用，将优秀的传统文化发扬光大，利用各种优秀文明成果，培养学生形成正确的价值观和人生观，加强各族人民的团结和友好，这都是教育所产生的积极影响。

三、传统文化的价值观对当代教育的积极影响

在中国五千年传统文化的历史长河中，不乏优秀的、值得骄傲和弘扬的文化传统，这些优秀的文化不仅影响当时社会发展，也被一代一代人传承至今，影响中国现代教育之路。四书五经在古代教育中被作为一门重要的学科，所有的学生都应牢记，其中孝顺父母、尊敬师长、报效祖国等积极的教育内容仍值得学习。自强不息是时代精神，是推动国人不断前进、不断开拓创新的坚强后盾，四大发明、英雄人物正是人们自强不息奋斗的结果。

中国传统文化是文化自豪感、文化素质的力量源泉之一，在青少年人文素质教育以及

审美观念培养中具有积极作用。尊老爱幼、团结友善、诚实守信等是中国传统美德，从小受美德熏陶，能够促使人们成为具有良好的思想政治素质、优良的道德品质和健全的人格的德才兼备的、高素质的社会青年。因此，优秀文化在教育中的渗透，对学生价值观和人生观的培养具有重要意义。

第三节　传统文化教育的加强对策

一、传统文化教育的人才培养对策

（一）传统文化融入学校人才培养的可行性

1. 中国传统文化是学校人才培养的重要文化基础。中国传统文化具有战略高度与独到的见解，能拓宽人才培养渠道，有助于提升学校思想教育格局。当代人才培养应充分汲取优秀传统文化思想沃土中的营养，培养出具有深厚文化积淀的人才。

2. 优秀传统文化与人才培养目标的一致性。在我国古代，以存心养性、正心诚意、修身治国为人才培养目标，其课程设置特点具有全面性和差异性。具有注重德育、修身明礼、自主学习、注重启发的特点。优秀传统文化中的教育思想是兴国安邦之良策，与当代教育中培养国之栋梁不谋而合。

3. 优秀传统文化与人才培养方法之间的相通性。中国传统文化中蕴含的教育思想以及不耻下问、实事求是的教学方法正是当前课程教学与学术研讨中所推崇的。当代人才培养中也讲求重实效、轻形式，这与教育思想中所包含的实事求是、治学严谨的态度具有相通性。

（二）传统文化融入学校人才培养的必然性

1. 继承和发展传统文化建设需要。在学校当中弘扬传统文化对培育和践行社会主义核心价值观尤为重要，是不可缺少的部分。当今校园传统文化面临的挑战，需要一定的对策来继承和发展中国传统文化，21世纪我们更要增强文化自信，从优秀传统文化当中搜集需要的正能量，使中国传统文化发生创造性转变。

2. 学生思想道德素质提升的需要。学生的道德思想与价值观取向直接影响着他们未来的行为方向和社会发展的高度。学校教育的职责包括树立、弘扬先进的思想理念和社会精神。发挥社会主义核心价值观对学校培养人才以及创建精神文明校园起到了引领作用。学校中的校园标语、校训、校园风气等都是学校价值观的再现。

3. 积极践行社会主义核心价值观的需要。理想信念存在于学校学生的深层意识中。

传统文化指引学校学生主动把理想信念融入中国的共同理想中，为社会主义建设事业奉献青春、建功立业。爱国主义是中国传统文化精神的核心，是对祖国、人民的忠贞热爱之情。学生在全面认识国情的基础上，增强自身对理想信念与爱国主义的认同感。学生学习社会发展史，做到理论与实践相结合，在社会实践中增强自身的公民意识、奉献意识。培育与践行社会主义核心价值观需要与爱国主义联系起来，一方面需要传承中国传统文化，使爱国主义内化于心；另一方面要不断反思、深化，在实际生活中将内化于心的社会主义核心价值观融入实际行动中。

社会实践对学校学生也是一种不同的教育方式，增强学生自身责任感，通过社会实践教育可以有效培育和践行核心价值观。核心价值观要求学校学生将传统文化融进内心深处且践行在行动上。学生践行传统文化应从点点滴滴的小事做起，通过这些社会实践行为，将核心价值观在不知不觉当中内化于心外化于行，感受传统文化中社会主义核心价值观的内涵。学生从自身做起，将核心价值观外化于行，提升学生综合素养。

（三）传统文化融入学校人才培养对策

1. 中国传统文化融入学校课程教学

（1）融入教材设计。教材设计是中国传统文化融入育人体系的重要环节之一。将中国传统文化中的优秀教育思想分别融入学校课程与教材设计中，对中国传统文化的多元化发展进行加强。传统文化中的教育思想一旦融入学校的课程教材设计中，将会对学校传统文化课程加深影响。在学校教材编写和课程开发环节可以体现出传统文化的内涵；中国传统文化融入教材也在引导着学校学生树立正确的文化观念，中国的归属感和认同感在源源不断增强。学校应做到，以思想政治内容为主，专门开设传统文化经典诵读、书写主修课程，并且大力度支持关于中国传统文化教材的研发，建设中国传统文化资源库。在中国传统文化教材中标明两大任务，第一个任务内容是将原有中国传统文化中适用于学校育人思想，将这部分思想经过改造后重新融入学校课程中使其焕发生机；另一大任务是将中国传统文化中不适用于学校育人的思想，进行彻底排除。

①在课程建设和课程标准修订中强化中国传统文化内容。学校应在专业教材修订时适当加入中国传统文化内容，在课堂教学时，教师结合教材向学生渗透传统文化相关内容。教材内容以专业知识为主，中国传统文化为辅。鼓励学校充分利用本地历史文化以及文化背后的教育意义，结合学校教材进行编写，并且开设传统文化专题课程和校本课程。

②教材形式以融会贯通为主。将中国传统文化论述性与具有原理性的篇章进行编排，中国传统文化的其他内容按照独立篇章进行编排。通常情况下学校在教材中将采取融会贯通的方法，将中国传统文化中包含的优秀教育思想，融入专业教材本身的体系当中，使中国传统文化思想中适用于育人的优秀精神，与现代学校专业技能知识融为一体。

③教材主旨强调教育能力的培养。我们中国传统文化中蕴含的教育思想非常丰富。在

学校教材中，着重编排中国传统文化中育人的教育思想，比如，仁者爱人精神、诚实守信精神、自强不息精神和与时偕行精神。在思想政治专业课的教材修订方面，将思想政治与中国传统文化中的教育精神进行融合，教材内容主要以爱国精神与自强不息精神为核心，将中国传统文化内部教育资源进行深入挖掘，其中包含的教育精神会丰富学校政治思想与德育教材内容，创新思想政治课程与德育课程的教学方法。

（2）融入思想政治教育课程。学校以提高学生对中国传统文化的自主学习和探究能力为重点，培养学生的文化创新意识，增强学生传承弘扬中国传统文化的责任感和使命感。积极培育和践行学校学生的社会主义核心价值观，围绕学校立德树人根本目标，以弘扬爱国主义为核心的团结统一、爱好和平、勤劳勇敢、自强不息的民族精神为主线，推进学校中国传统文化中的育人思想为重点，促进学生心理健康素质全面发展，培养优秀的社会主义接班人。在把中国传统文化融入人才培养过程中，思政课堂就显得十分关键，教材和课堂占主要成分，目前的思政课堂上可以体现出传统文化融入人才培养，但课堂上立足于思政教材本身，无法深入体现中国传统文化。

①思想政治课程中适当增加对传统文化中儒家经典的讲解。中国传统文化中蕴含的自强不息与仁者爱人精神，与思想政治中的社会主义核心价值观、道德情感、自信感相结合，既培养学生高尚的道德情操，又增强炽热的家国情怀。学校以弘扬爱国主义精神与自强不息奋斗精神为核心，开展中国传统文化教育，将学生的心理健康素质和完善人格作为重点，加强学生道德素质，培育理想人格与政治素养。

②邀请学术名家和育人名师对中国传统文化中的经典文化进行讲解。提高学生文化底蕴，在课堂中增加中国传统文化的比重，对中国的教育文化进行深入了解，将此转化成人生中的信仰之柱。学校可以邀请学术名师参与到教学课堂中，聆听教学名师和学科领军人才的讲座与报告。坚持将时代精神与传统教育相结合，坚持课堂中的教育与实践中的教育相融合。

（3）融入文化教育课程。文化教育课程是弘扬和传承中国传统文化的主阵地，将中国传统文化融入学校文化教育课程势在必行。

①结合教学环节渗透中国传统文化相关内容。通过学习新思想，做好接班人教学活动以及国防教育、革命史教育、政治生活、经济生活等课程，引导学生深刻认识到中国梦是全国人民的梦，祖国繁荣是我们每一个人的光荣，激发学生的爱国情感，使学生增强文化自信。

②开设中国传统文化必修课。通过生涯规划课程，学生们不仅能清晰地认识自我，并且逐渐学会正确处理个人与他人之间的社交关系，以及个人与社会的关系，学校适当举办与传统文化相关的社会实践活动，在活动中学会心存善念，学会理解他人，因此，更加关心社会、尊重自然。培养学校学生的集体主义精神，有助于提高心理健康素质和道德品质，增强对传统文化的认可度。

③扩宽中国传统文化选修课覆盖面。学校开展以正心笃志、崇德弘毅为重点的人格修养选修课。传统文化选修课中的诚实守信精神可以指导学生明辨是非、遵纪守法；通过学习选修课中的自强不息精神可以指导学生奋发向上；选修课中包含的优秀教育思想，可以使学生主动弘扬传统文化，形成良好的素质修养和行为习惯。

2. 中国传统文化融入校园文化

时代在发展，传统文化教育也应该与时俱进，善于结合新的时代特征，提高学生文化品位，有利于增强自身对传统文化的认同，在实践传统文化知识过程中，提升自我教育水平，以更加积极的姿态，感悟传统文化魅力，参与传统文化活动。"挖掘传统文化中的现代价值和科学精神，营造浓厚的校园文化，培养德才兼备的优秀人才"。[①]

（1）开展礼仪教育活动。学校开展礼仪教育活动具有重要的理论和实践意义，可以提升学生的道德素质和自身教养。中国传统礼仪文化以培养君子为主要目标，建立一套主要以完善人格为根本的君子教育体系。中国传统礼仪文化当中蕴含丰富的培育人的高尚品格的优秀文化，值得当代学校学生学习和借鉴。

①加强学校礼仪教育的理论建设，是推进礼仪教育必须重视的一项重要课题。文明礼仪是中国的道德素质水平的标志，礼仪是一种基本文化，一种教育内容。传统文化中礼仪教育来自儒家的文化贡献，而现在我们所讲的礼仪就是从儒家文化中汲取的精华。将以"礼"为核心的教育思想作为学校道德秩序建设的基础。现代的礼仪教育同样作为现代社会实践性较强的道德教育，根据传统文化中的道德品质要求，建立良好的社会关系，维持社会平稳治安秩序，传统文化中的礼仪教育不仅给学校带来理论上的建设，也给世界文明注入重要内容。

②创设浓厚的学校礼育氛围，让学生在日常应用中形成较高的礼仪素养。中国传统礼仪文化具有丰富的礼育方法和途径。在育人方法上面，传统文化中蕴含多种育人方式，如因材施教法、榜样示范法、自我反思等。学校日常中多开展传统文化礼仪教育，对宣传传统文化有着很好的效果，在维护传统学校教学稳定、提升青少年素质、传承我国传统文化等方面发挥了重要作用。当前，学校在学生培养目标方面已经发生天翻地覆的变化，但是，传统文化中的礼仪教育仍具有参考价值。

（2）构建言传身教的校园教风。教风学风是学校人才培养质量的根本保证、学术生态的重要基石、社会声誉的直接来源和治理能力的集中体现。培养新一代担当大任的青少年，需要落实到"学校怎么办、教师怎么教、学生怎么学"，其中，教风和学风出现很大问题。学校中学风是否具有稳定性，指的是学校的教风和学风一旦形成，在心理习惯、行为倾向和制度、规则上都具有稳定性，会渗透到学校人才培养的方方面面，产生极强的惯性。

①培养传统文化教育理念。目前，将学校中国传统文化精神融入思想政治课程内，对

---

① 张舒. 基于传统文化视角的中外合作办学人才培养模式［J］. 科学资讯（教育科研），2021（08）：97.

传统文化的代入逐渐提高，如果在课堂教学授课过程中注入新的传统文化知识与新的理念，在很大程度上能够激发学生对学校必修课程及选修课程的兴趣，从中体会到我国优秀传统文化的内涵和精髓，构建言传身教的校园良好教风。积极弘扬中国优秀传统文化，学校文化课程的教学要从课堂教学中走出来，带领学生们参加弘扬传统文化的课外实践。在校园实践活动中，学校重点放在提高青少年对传统文化的了解程度，提起学生兴趣，将传统文化融入思想政治教育课堂中，开展趣味教学活动，并结合学校当地的传统文化特色开展第二课堂活动；同时，学校要时刻关心学生的思想观念和道德意识观念，时刻关心学生的心理健康状态，要积极引导学生树立逆境中成长的传统文化精神，注重对学生的人格教育和品格培养，弘扬自强不息、仁者爱人、诚实守信和与时偕行精神，学习每一位最美逆行者的爱国精神和无私奉献精神。

②培养正确的价值观。学校教师在对学生的管理和措施上存在着不同的看法，同样，在学生的处事方法上也存在不同见解，采取的办法也不一样。学校教师对学生采取的管理方法或多或少会直接影响到校风建设，影响到学校在短时间内目标的实现。但是作为学校来说，无论学生的价值观简单或复杂，都会体现出学生之间的个性和共性，将这些特点与育人体系结合起来，融合成为正确的价值观。学校应重视一些问题并展开讨论，在全校探讨传统文化核心价值观。在多元的传统文化中有着丰富的价值观念，将这些观念通过分析和归纳的方法概括出真正属于学校的价值观。将其价值观与综合类学校育人体系进行结合，将核心价值观在学校内通过横幅标语或校训方式，在全体教师和学生中得到普及，引导学校全体教师与学生将核心价值观铭记于心，用思想改变处事方式。

（3）开展社会实践活动。

①明确课程目标指向。学校教师在开展社会实践活动时，把握中国传统文化课程目标，积极培育学校学生的传统文化学科的核心素养。课程目标的重要指向是传统文化社会实践活动，传统文化的社会实践其实是课程目标的具体表现。因此，教师在开展社会实践活动时，需要对课程目标有十足把握。

②把握社会实践课程的性质和理念。在新的一般教材中对学校思想政治实践课做出了新的修订，教师要了解社会实践课程的性质和意义，掌握实践课程的重难点；把握好课程中必修模块，在社会实践课程中将采用教学内容与活动相结合的教学方法。学校教师应根据实践活动主题的展开引导学生实现思维之间的碰撞，突出与传统文化相关的社会实践活动的意义。

3. 中国传统文化融入校园保障措施

（1）提供良好的制度保障。在中国传统文化融入学校人才培养过程中，制度建设必不可少。随着教学实践的深入展开，要在学校工作中善于总结和借鉴工作经验，将一些成功的工作方法和经验上升为学校制度，使得学校制度不断规范、完善，才能不断发掘、深化中国传统文化对人才培养过程的引导作用。

①明确教学任务。教学评判标准中，应该增强启发性自主学习、开放性拓展学习所占比例，以增强学习的深度与广度。

②制订适当的教学计划，并对计划进行优化。以教学中目前存在的问题来看，教学计划过于简单，并且需要增加中国传统文化教学所占比例，以提升学生思想品德修养。

③总结教学经验，及时反馈工作中存在的问题，自上而下形成完整的循环，并且定期检查工作，使得教学制度不断丰富、完善。从培训方法、课程模块、教材内容、教师团队和评价体系等方面，建成系统性的传统文化育人模式。总结学校育人过程中的规律和方法，从学校保障措施中提炼经验与方法，为学校制度建设、传统文化育人模式提供科学依据。

（2）营造良好的文化氛围。良好的校园文化氛围的形成，需要学校教师学生多方协同配合，多管齐下，是师生共同努力的结果。校园的文化氛围是培育学校学生的根基，也是塑造传统文化氛围的必要条件。

①校园文化氛围的形成需要师生共同推动，需要全校师生的相互配合相互影响。在校园的教风学风，以及校园校训标语等方面宣传传统文化，弘扬具有创新性和实事求是的科学精神，爱国和无私奉献的人文精神，形成良好的校园文化氛围，使学生在健康、高雅的校园文化氛围中成才。其中，人文讲座是一种重要的推动方式，加强学术讲座中的人文因素也是学校目前需要加强的重要环节。因此，需要提高教师对传统文化教育的重视程度，多组织相关的培训，提升其综合素质，提高其传统文化教育的专业性。因此，思想政治工作者要时刻丰富自己掌握的相关专业知识，做到自我革新，自我提升以及自我净化，真正了解传统文化背后所体现的原理与理念，始终坚持用优秀传统文化的精髓武装自己的大脑，只有这样才能够给学校学生更准确地传授相关知识，并且树立良好道德修养和文化素养的榜样，对学生负责、对国家的未来负责。

②打造具有校本特点的文化景观。以学校基因和文化精神为主要内容，打造催人奋进的学科文化、校园文化。不仅学校管理者从制度层面要重视，也要学生自主自觉地认可和努力，更重要的是思想政治工作者真正意识到传统文化对思政教育的重要性、价值性和时代意义。

（3）完善良好的文化培训机制。在知识更新换代速度越来越快的时代，对人才的培养，对教师的培训，都是学校发展的重要因素。学校的培训机制是否健全，是该学校是否能培养人才、留住人才的关键所在，同时也是学生和教师是否能迅速发展并自我提高的关键因素。整套的培训模式要有严格的考核环节对整个过程进行查验，以此考核教师、学生学习成果。

①考核体系是每个学校必须具备的，其中，传统文化考核体系的内容、标准与方法都和学校教师与学生具有一定的相关性。传统文化培训贯穿整个考核过程，例如，学生的通勤、作业完成度、卷面成绩百分比都可以是考核的重点。

②考核的最终结果应配有相应的奖励与惩罚机制。比如将考核结果与工资、晋升空间、

荣誉证书等挂钩，以此激发教师、学生竞争意识及对待工作和学习的热情。如需要提高师生综合素质，须明白意识指导着行为，增强师生的行为意识。学校须将传统文化培训重视起来，把传统文化培训放在首要位置，让教师、学生培训优秀文化精神成为学校宣传中国传统文化的重要途径之一。学校师生需要具备与时偕行精神，通过传统文化培训提升自身文化素养和专业能力。加强良好的师生文化培训是一项重大的系统，学校应制订好年、月、周培训计划，记录每一次传统文化培训主题，通知学校所有教职工与学生做好相关准备。如需制订相关培训计划，学校应根据培训主题的实际情况确定培训具体内容，加强传统文化培训的落实情况，接受意见及建议，让培训做得更加完美。

二、学校对中国传统文化教育的提升对策

（一）传统文化教学制度的改进对策

各学校应紧跟中国传统文化教育发展步伐，在工作体制建设中突出实践特色，将规范、有效的教学质量评估方案做实做细，也为将来制度得以有效执行和教师能够顺利完成教学计划提供保障。

1. 学生学习传统文化的效果评估。主要依据学生阶段性学习任务的完成情况进行测评。完成情况主要由课堂态度和质量、日常作业态度和质量、文化活动态度和质量、课后课外学习态度和积累程度、自我评定五项内容组成，每项内容 20 分，满分为 100 分，其中，前四项态度、质量各占 10 分。成绩按分数线划出等级，60 分为及格，90 分以上为优，60 ~ 80 分为良。

2. 教师传统文化教学评估。依据学生传统文化学习效果进行测评，综合评价学生相应学习阶段的教师授课质量，其中，各个学科教学过程、学生学习水平是影响教学效果的因素。通过进行实地研究和资料整理分析两种方式，评估教学过程的科学性和教学水平。资料分析包括两方面：分析学生成绩与分析教师上交的教学相关书面材料。

（二）传统文化教学内容的丰富对策

学校开设文化课堂，应该结合当前时代、形势下，具有时代意义的传统文化思想以及目前学生个性需求，进行社会主义核心价值观渗透和宣传。

1. 选取时代感的教育内容

学生思想工作应该将时代精神和传统的道德文化相结合，既要继承发扬具有历史沉淀的中国优秀传统文化，又要引入时代声音和时代特色，将国学和实践学科结合进行创造性教学。如商业管理，可将管理学与国学相结合，让学生学习儒释道精髓，培养诚信观念。

2. 选取国际化的教育内容

在多元化文化冲击背景下，学校的思想教育工作应该兼容并进，以包容的态度对待和吸收不同国家的优秀文化，以和谐和更宽广的角度探寻外来文化精髓。如文化课中可以教

授中国古代传统礼仪知识，也可以适当讲解国际行业标准和国际礼仪，拓宽学生视野。现在，各国之间加强交流合作，很多学生进入社会之后需要更多地接触人群。为此，学校可以通过理论知识传授，再进行小范围实践，引导和提高学生社会交往能力和待人接物能力，培育高尚的道德和文明修养，帮助他们更好、更快地融入社会。

3.重视人本思想的教育内容

中国传统文化的精髓是"以人为本"，在教育学生思想方面，更应该注重"以人为本"，科学制订符合学生实际和个性化需求的思想教学方案，充分体现学生的主体地位。

教师应在教学大纲前提下，结合教材规定的知识点，为学生提供丰富的传统文化研究课程；制定研究课题，让学生自主选题，进行独立研究或者组成团队集体研究，最后形成报告或思想交流总结。这样的教学可充分体现以学生为主体，做到"以人为本"。通过在课堂上展示、进行汇报演讲或者思想交流，锻炼学生的研究能力、认知能力，充分激发学习的主动性和积极性。

教师还可以通过收集具有爱国情怀的诗句，研究作者历史背景，提出历史事件的深入研究，引领学生对感兴趣的一个点或一个历史时期进行系统学习和研究并联系当下进行深入思考，引导学生树立正确的价值观导向。在名人逸事和诗句中，有可以作为格言、座右铭的经典句子，教师可以引导学生依名人格言为鉴，进行日常自我反省、自我监督，以更加积极的态度思考人生。

（三）传统文化教学方法的提升对策

1.自我教育与课堂教育的融合发展

发挥学生在受教育过程中自我发展与管理的积极主动性，鼓励学生在自我教育的同时，学习优秀的中国传统文化知识。主持课堂教育活动的教师，应该尊重学生的主体地位与自我个性，激发学生主动了解我国传统文化知识的兴趣与欲望，实现教师课堂教育与学生自我教育的有机结合。

我国优秀传统文化的继承与传播，必须发挥学生积极作用，摒弃机械、呆板的教学方法。课堂教学中的教师主体与学生主体，应该享有平等交流姿态。对具有自我意识、能够积极提问并且主动思考的学生，必须给予应有鼓励与尊重。

爱国主义作为我国传统文化的重要内容，教师在对此部分内容进行讲解时，应该引导学生辨别爱国的理性特征与非理性特征，并对我国历朝历代理性爱国的名人事迹进行系统讲解与认真梳理。同时，教师应明确自身职责，在传授传统文化知识时，确保学生了解传统文化知识内容的同时掌握其中蕴含的思想内涵。

2.显性教育与隐性教育的融合发展

公开透明、组织有序的显性教育，将明确课程教学内容、教育目的与教学大纲等，主动由教师传递给学生，而学生也可以将详尽的反馈信息汇报给教师，从而形成相对规范、完善的传统文化传播体系。相对间接的内部隐性教育，通常采用不易被学生察觉的方式，借用我国优秀的传统文化，熏陶、浸染学生日常生活与学习过程，从而发挥潜移默化的教育功效。

通常情况下，教师可以采取显性教学方法，利用网络媒体与传统媒体等多元化手段，以及学生的学习情景与生活环境，开展我国传统文化的隐性教育活动，以开放的胸怀和姿态，促进我国传统道德与文化发扬光大。

传统文化教学活动的开展，可以有机结合显性教育与隐性教育，围绕学生性格方面存在的缺陷，进行传统文化知识内容的科学讲解。针对性显著的教育项目，可以公开展映爱国主义题材的革命电影，并在课堂上发起相关话题讨论。与此同时，积极利用学校内部传播渠道，如校报、广播台、杂志、电视台等，介绍具有重大社会影响力的典型人物，以及感动中国的正面现象。此外，我国优秀传统文化中的古诗名句，可以帮助学生构建自我反思的文化情景，引导学生充分感悟蕴含在这些古诗名句中的文化意义，从而发挥隐性教育的思想改造功效，以实现对学生人生观、世界观和价值观潜移默化的影响。

（四）传统文化教学渠道的拓宽对策

为了积极发挥学校宣传、推动我国传统文化的巨大作用，拓宽教学渠道的适用范围，改变教学渠道的功能与特性，学校应该主动调节教学主体与受教育客体之间关系，优化我国传统文化的教育效果。

1. 课堂教育的有效化

课堂教育属于学校思想教育的主要根据地，借助课堂教学渠道，挖掘我国优秀的传统文化资源，可以提高课堂教育的实际效果。学校应继续重视课堂教学，合理安排教育人力资源与物力资源，在课堂教学模块中突出优秀的传统文化现实意义，并组织专家学者着手编写有关传统文化教学的系列教材；学校可以从自身文化实际情况出发，指派具有深厚文化底蕴的专业教师，开设精品文化选修课，为全校学生提供了解我国优秀传统文化窗口；学校可以积极寻求与教研机构的精诚合作，联手组织介绍我国优秀传统文化的讲座、讲坛与学术报告等活动。

对从事思想教育教学工作的教师，学校还应该督促其及时改进教学方法，针对我国优秀传统文化特点，科学设置教学方案和教育内容，合理选择教育手段和教学方法，结合教学难点和社会热点，详细讲解我国传统文化精华；在利用中国优秀传统文化资源过程中，发挥思想教育教学工作的现实意义，提高学生辨别道德是非的能力。此外，教师应该在教学内容中提高传统文化知识的课时占比，扩展传统文化原有知识范围，增强学生理解中国优秀传统文化的能力。在教育手段和教学方法方面，教师应该循循善诱、深入浅出，秉持现代化教育理念，应用新式教育技术，以学生容易理解和接受的形式，进行中国传统美德与优秀文化的讲授，从而切实提高课堂教学的有效性。

2. 学校课余实践活动的开展

课余实践活动的开展，需要重视理论联系实践，鼓励学生将课堂教育过程中学到的思想理论知识，利用课余时间融入实践活动中，通过学生自主实践行为，可以获得对我国传统文化更加深刻、全面的认识。教师根据学生实践情况，有步骤、有计划地组织多姿多彩、生动活泼的教学体验活动，从而发挥学校作为中国优秀传统文化传播基地的现实教育意义。

尊重教师主导作用、学生主体地位的教学实践活动，在教育内容与教学方向的选择方面，应该以团体为活动开展主要运作形式，推动课堂教育实践拓展，增进学生对我国优秀传统文化知识的深入了解。类型多样又妙趣横生的教学实践活动，可以采取实地参观、文艺会演、学习研讨与知识竞赛等形式，激发学生参与实践活动热情，改善中国传统文化的教学情况。

在教学方法设计方面，学校应该改变传统的说教姿态，挖掘传统文化实践活动的内在魅力，增加实践活动，以主动吸引学生参与艺术活动，确保学生在快乐的体验中感受中国传统文化的博大精深，从而增强学校思想教育的实效性。

学校对传统文化实践教学活动的重视，有利于传统文化课程的正规化发展。纳入学校教学计划的文化实践课，在教学任务与学时、学分规定方面，有可供教师操作的明确考核指标。结合学校科学管理的文化实践教学活动，在开展过程中可以有效结合学生的思想政治教学规律，确保实践活动中的优秀个体与先进集体，均可以得到学校总结与表彰大会的公开认可。教师对学生实践活动的专业指导，应该转换为工作量计入教师考核评价体系中，以此调动教师主动指导学生参与文化实践活动的积极能动性。

传统文化实践活动的开展，应该循序渐进、注重实效、突出特色，由学校统筹安排、分阶段进行。为了确保实践互动活动的安全性，学校应该积极制订事故预防方案，保障实践活动参与者的人身安全。比如，由文化馆主办的志愿者活动，应该通知各部门做好应急预案，引导学生有序观览。通过此类实践活动，学生不仅可以增强自身社会责任感，而且可以体验到中国优秀传统文化的独特魅力与精神内涵，同时有利于自身国家自豪感的提升以及自尊心的培育。

3. 网络教育平台的资料拓展

重视网络平台资源建设的学校，可以充分利用网络优势，积极构建能够体现时代精神与中国特色社会主义核心价值观的网络教育平台。依托校内丰富的传统文化资源开展网络教学活动，有利于网络教育与课堂教育合力传播我国优秀传统文化。

网络教育平台的构建，需要完善网站的布局结构和管理内容，提升传统文化内容所占知识比重，配合监管部门的信息审查工作，将与社会主义核心价值观建设相违背的有害信息剔除，以确保网络文化发展方向积极健康，网络环境干净清新，网络舆论导向及时正确；

鼓励计算机学院的专业教师建立弘扬中国优秀传统文化的校园网站，在网站上开设精品文化作品展览，提高学生的点击量与浏览量；制作文化宣传创意动画，利用视频特效增强中国优秀传统文化的生动性和趣味性，使学生在观看视频动画过程中树立正确的人生观、价值观与世界观；教师与辅导员借助网络平台沟通工具，可以增进与学生交流互动；围绕传统文化知识的学习，教师与辅导员可以询问学生的认知感受，并迅速回复学生的提问内容，给予学生及时、专业的思想指导。

三、传统文化教育队伍的优化对策

尊重学生主体地位，是教育实践活动的根本宗旨。为了取得理想的教学效果，学校应该积极聘用专业能力强、综合素质高的优秀教学人才，组建信仰坚定、品行优异的教师队伍，优化教学质量，完善思想政治与传统文化教育的现实保障体系。

（一）端正教师传统文化的教学态度

通过专业培训端正教师教学态度与专业素质，鼓励教师积极参与传统文化教学实践，不断改进教学手段，优化教学方法，激发学生学习中国优秀传统文化知识的积极性，促使自身教育成效显著提升。教师在讲授我国传统文化的过程中，应该强化自身理论功底，把握重要的文化内涵，培养学生批判性的思考能力；利用教学督导以及学生评教等举措，了解教师教学水平，对教学态度不端正、教学评估不合格的教师，应给予严肃批评整改处置。此外，学校还可以监督教师的网上发言内容，对在网络论坛散布违背传统文化发展事实的教师，及时做好思想工作，确保网络舆论引导的正确方向。

（二）提高教师传统文化的理论素质

只有正确理解传统文化的内在含义，才能开展传统文化教学工作。综合性较高、专业性较强的传统文化教学，要求教师必须具备扎实的文化理论基础，掌握美学、人类学、社会学和伦理学等相对系统化的学科知识，优秀的教学创新能力、问题分析能力与语言组织能力能够激发学生了解我国优秀传统文化的积极性。

当今社会，知识更新换代的频率更高，重视学习成为国内各种组织的共同发展理念。在这种氛围中，学校教师开展互动式学习活动，不仅有利于教师将终身学习视为生存与发展的主体责任，还可以推动教师以身作则、严格要求，更好地发挥传统文化的宣传榜样作用。教师传统文化理论素质的显著提升，对学生了解中国优秀传统文化具有十分重要的现实意义。

（三）加强教师的思想教学能力

现代化科学技术的大量普及与广泛运用，为传统文化教学创造了有利条件。教师应该转变机械的教学方法，利用现代化教学手段，以及丰富的网络知识和先进的多媒体设备，创新授课形式，建立多元化的生活课堂模式，促使学生深刻地感受我国优秀传统文化的无穷魅力。

1. 提升知识技能契合度

学校教育的最终目标是学校学生的全面发展，这就要求教师提升知识技能契合度，具备多方面的知识与技能，抓住机遇，应对挑战。学校通过教学过程，从学生的身心健康出发，给予知识技能上的指导，多方面帮助他们全面发展。

（1）注重对教师新型能力的培养。加大力度促进中国传统文化与学校课堂教学内容融合，并且提高学生的学习效率，改善学生课堂听课效果。一个合格的教师需要具备熟练的专业技能和方法技巧。当代教师仅仅具备自己所授科目的专业知识是远远不够的，应该具备全方位的知识与技能。

在中国传统文化领域要有自己独到的见解，因为教师所教导的学生是祖国的未来和希望，时刻不能马虎，拥有多方面的技能可以更好地教授，也能在学生中建立出应有的崇拜感，同时提高自己各方面的素养。通往这个目标路上需要教师正确的引导，教师不单单要专注于学生的学科成绩，更要关心他们的心理等发展，这些也会对他们的成绩有很大影响。坚持有教无类，要平等对待每一个学生，不能有所偏心，这点必须把握好，坚持因材施教，每个学生都有不同的家庭环境、心理状态和学习方式等，要不遗余力地去关注每一个学生，深入地了解他们，并对他们进行有针对性的教育，可以起到很好的效果。

（2）提升教师的创新思维与实践能力显得尤为重要。创新思维能力与实践能力，是一种较强的思考能力。学校教师必须具备创新与临场应变能力，在教学方法上做到灵活变通，改善教学策略，提升思考解决方案的能力。教师在学校课堂中面临十分具有挑战性的难题时，也必须能短时间内展示出高度的应变能力。从教师长久发展的观点来看，教师应不断提升其创造性问题解决能力。

2. 优化师资队伍结构

高水平师资队伍是建设学校人才培养的重要保证之一。学校教师团队结构是否合理，会影响到学校教师队伍的建设，以及影响到在职教师水平和学校的办学质量。教师将中国传统文化中的仁者爱人、诚实守信、与时偕行和自强不息奋斗精神与课堂内容结合为学生做进一步讲解。用传统文化底蕴去熏陶青少年，对培养青少年的综合素质有着重要意义。因此，学校教师队伍应不断提升自身专业技能与文化素养，激起学生骨子里对传统文化的热爱，有利于完善学生人格与道德修养，激发学校学生的爱国情感。优化师资队伍结构应做到以下几点：

（1）严把人才引进关。扩宽人才引进渠道，激活引进方式，重点引进外省市教育名家和名师。对特殊的优秀人才可实行"一人一策"，鼓励其他学校发挥积极性、主动性，结合当代发展战略和用人需求，面向全国展开高层次人才引进工作。

（2）加强两支队伍建设。学校采用合作共育共建的方式组建双师队伍、教师队伍，加强整个团队教师建设，秉持不求所有但求所用的理念，学校将教师课时薪酬提高，校内教师也可以享受同等政策，同时，也享有学术交流和图书借阅机会，加强学科带头人的培养和教学团队科研团队的建设，鼓励中青专业带头人、骨干教师到国内外著名大学和著名企业培训。

3. 加强教师传统文化教育培训

传统文化教育是贯穿于国民教育始终的必要之举、有效之举。教师想教好学生，需要将教学内容熟练记在心中，所谓"要给学生一碗水，自己要有一桶水"。中国传统文化需要学校学生更多地认可和接纳，学生们也需要来自传统文化的熏陶，同样教师团队更需要进行传统文化培训，以此增加对传统文化的认可度，扩大知识面和视野，提升与知识技能的契合度。

（1）面向教师开设中国传统文化公开课，全面丰富文化教育培训，优化学校教师队伍综合素养。

学校以实现立德树人为根本任务，关键在于是否存在懂传统文化教育的优质老师。学习中国传统文化课程，主动学习和践行传统文化，是学校全体教师必须完成的任务。因为，中国传统文化公开课不仅是部分哲学或者天文地理的学问，更是身心之学、素质之学。学校教师要具备一定的道德素质、知识的专业技能和一颗仁爱之心。传统文化的精髓正是孔子所说的仁者爱人精神，这样的传统文化理所当然是每位教师需要铭记于心的。

（2）通过政策鼓励，调动广大教师在教育学习中引入人文因素的积极性。要加强管理监督，对教师的教学行为进行督促和约束，以增强其工作的责任心和敬业精神。

学校坚持以立德树人为根本目标，教学重点落在教师身上，严抓教师对传统文化的认可度，在日常生活和工作当中进行反思，将传统文化中的精髓融入学校教师的成长当中。这样有助于帮助学校教师坚定理想信念，激发教师内心对教育的热爱。在内容方面，学校应以传统文化中的经典作品为主，积极鼓励学生阅读经典文化，并且感悟经典文化。传统文化中的经典是建立教师人生中教育观的重要基础。教师可以在经典当中学习到工作以外的智慧和道理，可以提升专业技能，从传统文化经典当中吸取生命养分，强化个人责任担当。

（3）通过宣传引导教师，加强自身修养与人文修养融合的必要性。将传统文化与教学实践融合，学校不断推进学科教育与人文教育，二者融合成为主导力量。教师的首要任务是提升综合能力与道德素质，原有的思维需要转化成批判性思维，帮助学生同步塑造科学性思维方式与人文性思维方式。

四、传统文化教育环境的优化对策

（一）在社会方面的优化

社会文化和社会环境对学生教育产生的影响较大，对我国优良传统文化的传承也有冲击和影响。要营造良好的文化环境，应当树立正确的社会舆论导向，将中华文化制作成文化产品，通过举办各类文化活动，发挥文化正面导向作用。各传播媒体应该注重发挥作用，聚焦文化热点现象，传播正确舆论，将民众喜闻乐见的文化知识引入社会文化时代前沿，创造出良好的文化宣传氛围。

作为媒体行业的重点部门报社、杂志社等，可以在社会范围内组织在校学生参加征文和诗词比赛等，并鼓励学生参加，提升文学素养。数字化的出版方式可以有效提高效率、降低成本，是传统文化传播的新途径。文化部门正在扶持中华文化电子图书库建设，将有关典籍进行电子录入并向公众开放，也正在鼓励学生参与中华文化电子库建设。

社会团体和公共文化建设部门要加强宣传阵地建设，加强与学校合作联系，将图书馆、博物馆和文化馆向学生开放，定期让学生走出校园，参与社会实践，讲解和宣传传统文化。

（二）在学校方面的优化

学校文化氛围熏陶很重要，学校管理人员要将校园文化进行重点提升，将传统与现代教育相结合，做好文化宣传和教育，让学生可以在潜移默化中得到文化的洗礼。

1. 校园传统媒体的宣传优化

校园媒体建设主要是橱窗、校园报纸、广播等。在多元化文化冲击下，学生会受到外来文化和互联网影响。对此，学校应该高度注意，控制和利用外来文化传播介质，引导正确的宣传导向；利用宣传媒介向学生普及传统美德、优良家风传统；让学生在紧张的学习之余，受到高尚情操的洗礼，向先辈学习，培育出优秀品格。此外，图书传播也是重要渠道，学校应该向学生集中推荐具有中国传统文化的优秀书籍，帮助学生明晓是非道德、社会历史，指引他们树立正确的人生观、价值观和人生目标。

2. 新媒体的优化

在学校中，很多学生都会使用互联网学习各种知识。对此，学校要充分利用互联网优势，大力宣扬传统文化，打破课堂局限性，加强优秀文化的渗透作用。学校可以建立具有针对性、有影响力的校园思想教育网站，传播中国优秀传统文化，打破时空限制，为学生创造一个真实的学习氛围，使学生身临其境地感受中国优秀传统文化魅力。除了校园网站，学校思想教育工作还可以借助微博、论坛、群等社交平台，更新与之相关的传统文化与传统美德知识内容，表达其中蕴含的思想教育意义，通过这种方式加大中国优秀传统文化渗透。

（三）在家庭方面的优化

学校重视文化宣传，家长同样须重视学生的文化教育。传统文化的基础阵营在各个家庭，父母是学生的第一任教师，家长的一言一行将直接作用于学生。所以，对学生的引导，家长义不容辞。在处理家庭关系时，家长要注重与学生的思想交流。目前，很多学校都是寄宿制，学生只有放长假时才回家团聚。这样的家庭缺乏经常交流，造成学生与家长之间信任感的缺失，学生容易迷失方向。作为家长，要及时与学生建立联系，经常沟通，重视学生思想动向和文化熏陶，严于律己，以身作则，将勤俭节约、尊老爱幼的优良传统进行传承和身教。

第四节　从传统文化看学校教育发展

"学校是学生塑造个人品质的重要阶段，传统文化作为我国历史长河中的智慧瑰宝，对培养学生良好道德品行有着极为重要的作用"。[①] 学生应好好学习传统文化，运用自己的智慧、品德推进中国社会主义进程。

一、传统文化在学校教育中的意义

传统文化教育形式种类繁多，教师在授课时可以将传统文化与教学内容相结合，使其在现有教学基础上予以创新。中国从古至今都被称作礼仪之邦，并将品德作为人才衡量标准。这就要求在学校教育过程中，教师应注重学生品德教育，让中国传统文化作为学生良好习惯养成的文化支撑，纠正学生错误思想认知，使其在教师的引导下行为举止规范得体，学会使用礼貌用语，以便养成良好习惯、品行。

随着学校教师队伍逐渐年轻化，打造高素质教师队伍是诸多学校头等大事。各学校应将传统文化作为教师日常教研学习准则，让教师在自我学习过程中完善个人文化修养，通过研究讨论，寻找适合本校发展的传统文化教学方式，以此提高本校教师日常教学水平。学生在学习传统文化知识时，可以拓展教学思路，依照不同年级学生性格特点，对其开展传统文化教育，将教学内容与传统文化结合在一起，让学生在语文、数学、音乐、道德与法治等相关课程方面树立自尊心，培养学生责任感，使其在潜移默化中懂得为人处世的道理。

二、传统文化在学校教育中的渗透

（一）以学生的个性为主，选择传统文化教育内容

学生注意力时间长短与学习兴趣有着极为密切的联系，教师在授课时需要借助生动、新颖的教学事物，让学生对学习内容产生浓厚兴趣。这就要求教师在日常授课时，须将原本过于抽象难懂的知识进行转换，增加课堂教学的趣味性，以便学生能够对所学习的知识进行强化记忆。为此，教师在教授学生传统文化时，应依照学生身心发展特点，注重传统文化教学的趣味性与形象性，借助学生熟知的日常生活实现教育目的。

---

① 王海燕.关于传统文化与学校教育的思考［J］.文学教育（下），2021（10）：134.

随着人们对传统文化的重视，教师在授课时可根据学生年龄特点，为其选择古诗词、名言警句等相关内容进行初步学习，使其在诵读感悟中领略中国传统文化，并将其作为自身学习成长、为人处世的行为准则。另外，学校应拓宽传统文化教学范围，开设京剧课程、书法课程、国画课程以及围棋课程等，其目的就是让学生在学习之余对我国传统文化加以弘扬传承。

（二）以学生的需求为主，选择传统文化教育方法

学校在开设传统文化课程时，应充分利用学生可塑性特点，让学生多接触古典文学作品，这样既能让学生在学习过程中明礼仪、守道德，还能提高学生语言表达能力，帮助学生提升个人素养。

在实际教学过程中，由于学生接受能力有限，无法对传统文化予以正确理解，需要教师在现有教学基础上，对学生进行传统文化讲解。在此期间，教师可以带领学生诵读传统文学经典，并对文中内容进行讨论，加深学生对传统文化知识的理解与掌握，使其领悟传统文化所蕴含的真谛。经典故事蕴含诸多人生道理，教师可以借助这些故事吸引学生学习兴趣，让其变成学生学好传统文化的有效方法，并在理解基础上进行记忆、背诵，可以起到事半功倍的教学效果。

教师在教学过程中须打破常规，对现有教材内容进行拓展延伸，让课堂教学充满趣味性与挑战性，改变以往空洞说教、死记硬背的教学弊端，促进素质教育实施成效。为此，学校在开展传统文化教育时，应采用丰富多彩的教学形式进行传统文化教学，摒弃应试教育中的局限性与约束性，带领学生走出课堂，将传统文化渗入学校教育的方方面面，让学生在潜移默化中拥有良好的德育素养，使其对传统文化加以深入理解掌握。学校还应组织学生到当地博物馆进行授课，让学生在形式多样的社会实践中树立热爱祖国、热爱家乡的思想，激发学生文化自豪感。另外，学校还可以将传统文化作为第二课堂，让学生自行选择传统乐器、武术、戏曲、国画等教学内容，通过寓教于乐的形式引导学生弘扬传统文化。并在学校环境建设中，通过悬挂条幅、字画、名言警句等形式，让学生在传统文化的熏陶下，人格健全、茁壮成长。

三、传统文化教育长效机制的融合发展

传统文化教育融合了学校、家长与社会三个方面的力量，建立"三位一体"的教育长效机制，共同确保传统文化教育的长效发展。

（一）发挥学校的主阵地作用

学校是合适的育人场所，是学生真正接受教育的必由之路，更是实现中国传统文化教育常态化的主阵地。全方面将每个学生培养成人，为每个学生注入中国传统文化的精神养分。学校可以有效激发学生传统文化自豪感，同时培养学生对中国传统文化的兴趣和爱好，

通过丰富有趣的讲授，推出更多形式的教育方法，让学生在轻松愉悦的学习氛围中学到有用信息。

为了更好地熏陶及感染学生的学习兴趣，可将传统文化教育和日常校内教学相结合；采用影视、动画、网络、多媒体，以及形式多样且学生喜闻乐见的手工制作、辩论赛、表演、知识竞赛、诗歌朗诵、演讲等形式，充分结合校外实践活动及优秀传统文化教育。

（二）发挥家庭的主角作用

家庭教育不仅有助于树立学生自立的意识及理念，还使得其自理能力得到提升。为了提升学生个人心理品质，帮助其树立正确的挫折观，需要在家庭教育中让学生体验及感悟社会生活中遇到的失败及成功、逆境及顺境，直视生活中的挫折，继而获取克服及战胜挫折的途径。在此过程中，家长应起到表率、榜样作用。在日常生活中，家长需要对传统文化表现出一定兴趣及尊重，并做到言传身教，营造出中国传统文化教育的家庭氛围，才能激发子女学习中国传统文化的热情和意识。

（三）发挥社会的依托作用

社会是全面育人的重要依托，通过充分发挥社会各界力量，调动及利用社会环境中先进因素，使得整个大环境得到净化及优化，从而实现社会教育的可控性，实现中国传统文化教育常态化。群众可以通过积极向上的文化理念践行中国传统文化，从而创造出良好的教育环境。

1. 支持中国传统文化教育。开拓中国传统文化的传播途径，是社会功能的有效体现。受众所关注的话题之一是通过社会实践传播及推广中国传统文化，挖掘有关中国传统文化的典型事迹，以实现社会正能量的传播。普及中华传统文化，帮助学生感受中国传统文化魅力，激发学习中国传统文化兴趣和爱好，从而形成全民重视中国传统文化教育的良好社会风气。

2. 建立中国传统文化教育阵地。社会各阶层在与社会团体及教育机构联合中，借助基础教育设施，为中国传统文化教育提供全面学习条件。

3. 开展中国传统文化社会实践活动。开展多样化的社会实践活动，通过生活体验、学术交流及实地走访游览等形式完成，充分结合奉献社会实践、助人为乐和中华民族传统美德，将正确的价值观、人生观及世界观展现在社会实践中。为了更好地帮助人民群众感受及认识中国传统文化，可选择在重大节日期间开展中国传统文化教育主题活动，让人们通过考察历史人物，参观博物馆、展览馆，游览名胜古迹、名山大川、文化遗址等，深入挖掘社会资源。对教育规律进行遵循及把握，充分结合家庭、学校、社会三方因素，创建"三管齐下"的科学育人格局，提高教育质量、增强教育合力、拓展教育空间，对中华民族的历史传统和文化积淀进行全面准确认识，从而提高中国传统文化教育水平。

四、传统文化教育的展望

随着传统文化教育的大力发展，传统文化教育的课程体系和教育模式也越发成熟。未来的传统文化教育体系应实现家庭、学校与社会的融合。与学生在学校中的逆反心理不同，家庭成员的言传身教对学生的文化品质和修养影响巨大，在一定程度上，学生文化素养的高低是父母文化修养的间接投射，对学生的精神养成和道德人格形成意义非凡。

家庭教育应承担起培育学生的生活品性和道德习性的责任，这种培育是父母等亲属的言传身教给学生带来的无形影响，所以，家长应该注重言传身教的重要作用，提升自身的文化素养和教育水准。社会场域中已经开发了林林总总的传统文化教育资源，社会环境中也到处弥漫着传统文化的氛围，例如，在公交站牌、社区公告栏等区域常常能看到传统文化的身影，社会中的文化机构应该组建一个文化教育团体将各种文化活动协调管理，组成系统性的传统文化教育网络。

未来的传统文化教育模式应实现情境的仪式化转向，由课堂知识的理解与记忆转变为创造情境—感受情境—感想表达—感悟输出的教育及评价模式。学生个人文化素养的高低不显现在考试分数之中，而是需要借助情境这种工具来外显，传统文化教育情境的创设需要依赖于教育技术的支撑，借助 3D 呈像、VR 和 AR 等虚拟现实技术实现情境再现。从目前的情况来看，教育技术的发展已达到支撑传统文化情境转向的水平，但未普及开来，出现这种现象的原因包括：①学校对传统文化课程的忽视；②引入这种设备资金投入过大；③教师难以掌握先进的教育技术。但随着我国经济的发展和传统文化教育地位的提升，这些问题终将得到解决，传统文化课程也会最终实现仪式化的情境转向。

第五章　传统文化的创造性转化和创新性发展

第一节　传统文化创造性转化的理论意蕴

一、中国优秀传统文化创造性转化的研究方向

目前，学术界普遍认为优秀传统文化不管是出于必要性还是可能性，其文化功能都要通过创造性转化环节才能体现。然而当前对优秀传统文化进行的创造性转化存在很多问题，包括没有科学的价值导向的引领，传统文化结构体系变得混乱，没有准确把握文化内容，文化含义的表述偏离方向，没有在实践中落实转化路径，没有建立完善的保障体系等。优秀传统文化是中国的精神食粮，也是文化标志，大力鼓励发展对传统文化的创造性转化研究既有利于优秀传统文化的继承和发展，也可以促进中国特色社会主义文化的形成和发展，提升研究高度。因此，只有直面困难，敢于迎接挑战，树立正确的文化创造性转化心态，才能设定出科学的创造性转化路径建构。以已有研究成果为基础，优秀传统文化的创造性转化还有如下几方面待研究：

（一）科学阐释优秀传统文化创造性转化的内涵

先定义内涵才能开始理论分析，要深化对创造性转化"内涵"的阐释。从"文化内容"层面讲，它既包括到现在还有实用价值意义的部分内容、得到大家认可的但价值有待确定的传统文化经典以及重要的思想观念，还包括一些对文化思想、观点或者现象的全新解读，它实现了文化内容新的发展；从"文化形式"层面说，创造性转化的"内涵"包括原有老套的表现形式，它没有建立完整体系，文化形式也不够完善，还包括零散的文化观念以及缺乏系统性的文化形式。

扩大对创造性转化"外延"的理解范围。在传统文化的"文化形态"层面，除了要让其具备新的时代价值和现代化的表现形式外，还要保证传统文化独特的风格免遭破坏，保留中国传统文化的特色；基于传统文化的"文化功能"层面，除了要"唤醒其生命力"外，还要发挥优秀传统文化对现代社会的引领和导向作用，在中国特色社会主义现代化的伟大

实践中研究和发展传统文化的创造性转化。

（二）深入研究创造性转化和创新性发展的逻辑联系

当前的研究以创造性转化为依据，以创新性发展为最终的追求目标，这种做法理论上是可行的，但是在具体的微观操作上有待完善和深入。二者的本质有所区别，其内在蕴含的哲理不同，这就导致其在实践中转化和创新所遵守的原则也存在不同，因此，二者转化和创新的路径存在很大差别，以此发展出的传统文化新形态、具备的文化功能就会出现较大差异。所以，今后的研究者应把重心放在深入探讨分析二者之间具有的内在逻辑关联上，从微观层面对它们进行划分和区别。

（三）揭示优秀传统文化创造性转化的文化功能

对优秀传统文化进行创造性转化其实是把传统文化当作合理存在的一个物体，在具体的实践中使传统文化脱离"被抽象化"的宿命，根据时代发展特色赋予其新的含义，充分发挥其强大的"以文化人"的功能。"在传统文化创造性转化上，要以内容转化提升亲近感、以渠道转化提升触达率、以跨文化转化提升理解度"。[①]要实现提高国家文化软实力的目标，要增强文化认同，要坚持文化创造性转化发展的初心，就要继续对此进行更深层次的分析和探讨。

当前社会对传统文化思想和理念的运用有着较高要求，文化发展必须符合时代发展需求，顺应社会发展需要。因此，为保持优秀传统文化的生命活力就必须对其进行创造性转化。优秀传统文化的创造性转化研究是一个漫长的过程，它不是一个人的单打独斗，它需要人们的彼此协同合作。优秀传统文化的创造性转化工作并不容易，在新的时代条件下其面临着许多的问题和挑战。因此，当代文化研究者有责任、有义务对优秀传统文化的创造性转化进行深入、系统的研究，在国际舞台上发扬中国传统文化的魅力，展现其时代风貌。

（四）系统构建优秀传统文化创造性转化的路径

当前的研究虽然制定了创造性转化的基本原则，但是其路径建构的设计缺乏系统性。只有将理论和实践相统一，路径建构才能建立系统的机制，才能有效推动创造性转化的稳定发展。从创造性转化内涵上看，需要人们端正创造性转化的思想意识，树立正确的创造性转化文化心态，坚持正确的指导思想，坚持社会主义核心价值观的引领，对传统文化的文化体系、文化内容、文化形式进行逐一突破，根据其本身的生命力和生命值情况挑选重点研究对象进行创造性转化研究。此外，建立国家、社会和人民三者相结合的立体化保障体系，在实践中有效推动优秀传统文化新形态的形成。

---

① 李舒，张寅.创造性转化与创新性发展：中华优秀传统文化的时代方位 [J]. 中共青岛市委党校.青岛行政学院学报，2022，（01）：5.

二、中国传统文化创造性转化的特点

（一）科学性与实践性

实现创新型发展的前提条件就是进行创造性转化，而创造性转化开展的第一步就是让传统文化的转化得以成功。实现这一步骤要利用正确的观点、立场以及方法对传统文化进行辨别，并在传统文化的转化过程中发挥推动作用。从始至终带动中国特色社会主义发展的不单单是传统文化的传播者，同样也有其继承者和建设者。使文化发展充分体现在传统文化的改革建设中，可以使得中国发展具备不间断的力量源泉以及道德和文化滋养。

（二）合目的性与合规律性

中国传统文化进行创造性转化主要是为了符合社会发展的需求，因此，应该在此基础上开展创造性转化。社会主义核心价值观离不开传统文化的帮助，它们之间的关系是非常密切的。抓紧实施传统文化的创造、转变，让它可以为社会主义核心价值观不停地提供动力来源；让社会主义核心价值观成为可以实现的文化自信的基本特点，这不但可以满足时代发展的需求，还可以使社会主义文化变得更加繁荣。现如今面对一个全新的时代，广大公民也要在自己的内心理解社会主义核心价值观的内在含义，这样才会使精神力量变得更加强大，从而让每个人都可以非常自觉地对中国的传统文化产生坚定的自信。

对创造性转化而言，它的规律性是在进行文化转化的环节中必须满足文化发展的特征和规律。在文化自信以及自觉中最主要的因素就是传统文化的支撑点，它可以给人们带来源源不断的精神力量。为了实现这一目标，需要严格根据发展规律以及创造性转化规律将传统文化进行转化，让转化后的文化可以和当代文化进行完美融合，并且与现代社会相配合。要实现以文化人和以文育人就需要把合目的性以及合规律性进行整合。

三、中国传统文化创造性转化的原则

（一）历史性原则

自觉礼敬、尊重传统需要对正义和诚信衍生出的核心内容保持敬重感，这也是它们的一种历史性原则。同时也要敬重见义勇为以及尊老爱幼的传统美德，敬重能让社会更加团结和谐、可以让人们自觉向善。自觉礼敬、尊重传统的观点就能够直接表现出传统文化所具有的自信以及自觉。现如今时代发展越来越迅速，但是人们对文化还是要保持一定的坚信，并且要对传统文化、革命文化以及社会文化保持一定的自信。从本质上看要想实现这种文化的超强自信首先需要探寻文化的"根"，因为人们可以从中找寻到传统文化体现出来的思想、道德以及精神，这样才可以将创造性转化所使用的对象确定下来，同时这也是进行转化需要准备的一个环节。

（二）时代性原则

人们把资源丰富的传统文化以及古籍里的文字运转起来，需要遵守时代性原则，要把传统与现代相结合，进而提出创新想法。在社会主义核心价值观的带领下，人们要梳理传统文化的资源，摒弃糟粕，留下精髓，将假的东西丢弃掉，保留真实的东西，根据这种方法进行整理才能让传统文化具备满足时代发展的形式，让传统文化可以和现代文化以及社会环境相互融合，从而激活传统文化带有的活力因素，通过这些过程可以让传统文化具有服人、化人以及育人的作用。

（三）开放性原则

传统文化的综合创造指改变思维，在秉承社会主义原则的条件下对传统文化始终保持包容态度，要利用科学理论分析从古到今体现出来的文化组成因素以及形式，并在此基础上进行选择，按照中国社会主义现代化建设所需要的基本条件，让传统文化意识得到传承和发扬，并通过辩论整理出相应结果，呈现出具有属于自己的特色中国文化，同时还要使时代精神更加发达。这种创造从本质上讲就是运用开放性原则把其他文化融合进来的同时也保持中国传统文化所具有的特色。只有把这个根本牢牢掌握才可以满足传统文化的创造性转化在适应中国特色社会主义建设条件方面的需求，才可以满足中国发展的基本要求。

（四）人民性原则

我们要让传统文化可以进行创造性转化以及发展，让这种文化可以和现实文化产生共同作用，一起来完成当前时代的重要文化任务。人们通过自身的行动完成创造性转化的政策，不断地弘扬和继承中国传统文化，能够让其实现以文化人、以文育人的效果和作用，利用这种转化关系可以将传统文化本身具有的思想、道德规范以及精神变成提升自身品德以及道德的动力源泉，使其在生活需求不断提升的前提下仍然可以保证人们的生活所需，杜绝一切不平衡以及不利因素，为构建和谐社会以及增强文化观念创造良好稳定的社会环境。

四、中国传统文化创造性转化的方法

开展传统文化的创造性转化要站在正确的观点以及立场上，并且还要结合实际情况进行科学的研究和总结，利用这种科学方法进行创造性转化才可以帮助其在转化过程中更加顺利，更容易实现。

（一）去粗取精

分析和整理传统文化资源，就要取其精华去其糟粕。所以，对待传统文化需要提取里面的精华，学习有用的知识，通过历史的角度了解传统文化，转化传统文化也需要满足时代的发展需求，因此，要让人民群众重视现代社会的新的传统文化精神内涵。

（二）赋予新义与改造形式

中国传统文化需要根据时代需求以及特征进行创造性转化，对能够给现代文化带来帮助和参考价值的表现形式需要在此基础上进行改造，让它们可以具备新的时代意义以及新的表达形式，让其生命力变得更加旺盛。在这一时代背景下，这种"家国同构"思想能够在一定程度上稳定社会道德以及保障生活秩序。所以，要想站稳脚跟，需要以客观的角度对待传统文化，尽管这种思想具有很大局限性。但是现今中国的社会主义核心价值观念在不断提升，国家和家庭之间存在着比较明显的利益和诉求关系。如何将现代思想观念结合现代价值理念转换传统文化，从而体现出社会主义民主价值的问题已经变得不容忽视。

（三）解决问题与满足需求

实践性转化需要站在解决问题以及满足需求的角度对传统文化进行改造，它对转化也有非常强烈的推动效果。在实践层面上进行创造性转化主要存在两个意义：

首先，创造性转化传统美德可以把人们内心的自觉和道德精神挖掘出来，进而帮助人们创造更好的物质生活以及进行社会改造。

其次，它能让人们的精神文化得到满足，这种文化需求对现时代的人们是非常重要的，它同时也是创造美好生活不可缺少的因素，为实现这点，需要人们坚持创造性转化并且大力发展中国的传统文化，让人们的生活体现出传统文化带来的影响，通过各种各样的文化产品、节目以及活动使人们积极参与到传统文化的发展中，让人们沉浸在传统文化的魅力里，从而进一步实现实践性转化。

（四）增补充实与拓展延伸

综合性创造指能够在本土文化精神的基础上站稳方向并且将外来文化的精髓进行吸收最终完成创造性转化的过程，传统文化也是如此。"见义勇为"这种传统美德成功转化到"见义智为"，并没有将见义勇为完全丢弃，相反它是要同时提倡两个观点，不但需要人们的见义勇为，还需要在保护好自身的前提下见义智为。这种创造性转化所采用的方法就是增补充实。要想适应时代的转化，必须把真情重新拾起，实现真情人伦的崇高美德。"见义勇为"在众多传统美德里只是一小部分内容。

从古至今都流传着众多关于中国传统美德的例子和故事，只要根据上述方法来开展创造性转化，那么其现代价值就会更多地被激发出来，进而实现人间大爱的最好结果。

第二节　传统文化创新性发展的实质与价值

一、中国传统文化创新性发展的精神实质

中国传统文化创新性发展的精神实质可以说是其思想内涵、价值取向以及目标任务这三方面的集中体现。精神实质，不仅体现在其本身所具有的思想内涵和价值取向上，而且更体现在其目标和任务上。

从古至今，人类社会始终存在着对中国传统文化的质疑，盲目地否定传统文化存在的必要性，甚至是全盘否定其存在的价值。因此，致力于对中国传统文化创新性发展的研究，可以在一定程度上帮助人们深刻理解中国传统文化的价值意蕴，以避免在对待传统文化上产生错误的思想，更好地发挥中国优秀传统文化的时代价值。

此外，可以更好地促进我国的文化建设与发展，增强文化自信，使中国传统文化在当今社会展现其价值，以及在世界舞台上发挥重要的影响力。相应地，也为中国传统文化的创新发展提供了动力。关于中国传统文化创新性发展的任务问题，也是我们在研究过程中需要厘清的方面。创新是一个国家进步的灵魂，是一个国家兴旺发达的不竭源泉，也是中国最鲜明的禀赋。中国传统文化创新性发展的根本任务，对其参与主体而言就是要求讲清楚中国传统文化的独特创造、历史地位和当代意义；就是要弘扬优秀传统文化，激发文化创造活力，建设文化强国，为全球治理和人类命运共同体的建构贡献中国独特的方案与智慧。

二、中国传统文化创新性发展的价值

（一）中国特色社会主义文化自信的根本保证

文化自信，是一定文化主体对本国和本土文化的一种认可、支持和敬仰。努力实现中国传统文化的创新性发展是坚定中国特色社会主义文化自信的前提条件和根本保证。中国特色社会主义文化自信，不仅来源于对社会主义先进文化、革命文化的自信，也必然不能够缺少对中国传统文化的自信。只有努力实现中国传统文化的创新性发展，才能为坚定文化自信、推动社会主义文化繁荣兴盛以及增强国家文化软实力奠定牢固的基础，并提供丰厚的历史文化资源。

文化自信是道路自信、理论自信以及制度自信的出发点与落脚点，毫无疑问其在中国特色社会主义文化发展道路中发挥着不可替代的作用。而中国传统文化的创新发展为增强文化自信奠定了基础，也是我们坚定文化自信的重要来源，使中国优秀传统文化逐渐走向世界舞台，被越来越多的人所了解、接受、欣赏、学习。在此过程中，不仅使中国优秀传

统文化"走出去"，而且在一定程度上增强了我们对中国文化的自信心。因此，在摒弃文化糟粕的前提之下，创新发展中国传统文化才有机会使国人重拾对传统文化的信心。

此外，中国传统文化的创新也是对文化的一种反思与再认识，使我们进一步深化对本国文化的认识，再结合时代发展需求对其进行创新，从而更好地坚定了我们对中国特色社会主义文化的发展前景的信心，当然创新发展传统文化也是其得以实现的前提条件与根本保证。

（二）中国特色社会主义文化繁荣兴盛的重要途径

随着经济全球化以及文化多元化的不断发展，一个国家的文化占据了越来越重要的地位，文化的繁荣兴盛直接影响着一个国家的文化软实力。文化软实力是衡量一个国家在国际舞台上话语权的重要标志，与国家的形象、社会的稳定、人民的和谐都息息相关。而中国特色社会主义文化的建设与发展对我国文化软实力的增强起到至关重要的作用。因此，提高文化软实力是任何一个国家在文化建设道路上的奋斗目标，而这个目标的实现基于中国特色社会主义文化的繁荣与发展，其当然离不开我国传统文化的创新发展。

中国特色社会主义文化是由历史悠久的中国优秀传统文化、党和人民的伟大斗争中产生的革命文化以及社会主义先进文化组成。尽管中国传统文化、革命文化和社会主义先进文化在不同时代背景下产生，但是它们三者是一脉相承、不可分割的。尽管它们作为不同时代的历史产物，但都具有各自的鲜明特色，对推动我国文化的发展发挥着不可替代的作用；中国优秀传统文化作为中国特色社会主义文化的重要来源，也为其提供了丰厚的滋养，革命文化和社会主义文化的创造主体是党和人民群众，中国特色社会主义文化的繁荣兴盛不能够脱离重要来源，更不能够脱离主体的创造，其发展与传统文化、革命文化、社会主义先进文化的发展是息息相关的。与此同时，推动中国特色社会主义文化的发展应当注重弘扬和践行社会主义核心价值观、牢牢掌握意识形态话语权、加强思想道德建设、推动文化产业和文化事业的发展等方面。中国传统文化的创新发展为文化建设增添了新的内容，为中国特色社会主义文化提供了符合时代进步要求的内涵，在一定程度上能够促进中国特色社会主义文化的繁荣发展。

第三节　传统文化进行"双创"的必要性

一、厘清传统文化的"双创"内在关系

（一）"双创"的相同

二者的前提都是需要文化主体对传统文化进行掌握和理解并且能够对中华优秀传统文

化进行继承和发扬，同时也要促进其发展。这两个因素都是就传统文化而言，传统文化是在中国古代的经济社会以及政治等因素的影响下发展而来，在社会发展过程中社会的变化会导致传统文化不适应社会时代的发展变迁的结果，"双创"就是对中国传统文化的创新和发展，即将其优秀的内容结合时代发展的需求进行创新，进而发展新文化。

为使中国优秀的传统文化能够在当代社会发展过程中发挥自己的作用，就需要进行创造性的转化以及创新性的发展，以使文化软实力得以提高，使人民的精神文化需求得以满足，同时最直接的目标就是建设新的文化。新的文化是反映社会发展的适宜社会时代的文化，建设新文化也是传统文化"双创"的重要目标，它是在对传统文化进行继承的基础上进行的时代性发展，综合来看它是中国特色社会主义文化。

进行创造性转化以及创新性发展最主要的就是文化的主体,它能够理解传统文化内涵,并对其进行正确认知。文化对社会发展产生作用的方式是改变人们的思想，并且使人们投入自我实践中，所以实现"双创"的重要途径就是以文化育人。只有文化才能够被人们理解并且掌握进而与其融为一体，在指导人们自觉行动和社会实践时文化才能真正对社会起作用。比如诚信等优秀美德，只有被人们真正理解才能付诸实践，这样整个城市的诚信水平才能得以发展。中国现代社会要想实现"双创"，就一定要对传统文化进行宣传和教育，同时让人们加深理解，使人们能够在理解的基础上将其转化为自我认知并投入行动中，只有这样中华文化才能真正为推动社会发展献出一份力。

（二）"双创"的区别

文化的主体地位和对待传统文化的态度都起到很大作用，同时也有微小差别。传统文化会对价值观念思想理论进行创新，一些旧的理论和价值观念都会被新的观念所取代，由原先的传统文化转化为新的符合时代背景的文化，新的文化是在传统文化的基础上建立起来的，传统文化是新文化的基础，却被新文化取代，这是传统文化的创造性转化，在这个转化过程中，文化主体既是主体，也是客体，它承担着文化实践活动的任务，文化的主体需要将传统文化融入心中，并且将创新思想观念和价值观念赋予传统文化中，并将其付诸实践。

传统文化的发展是提取其精髓，并且加入新的时代元素进行的发展，在其发展过程中，新的时代元素会在传统文化中发生质变，进而新的文化得以建立。在文化发展过程中实现的是文化的量变，新文化是由传统文化基础发展而来的，一定带有传统文化的痕迹，在创新性发展文化的过程中，文化的主体产生巨大作用，它在实践活动中不断推动着文化的创新。

二、顺应社会主义先进文化的发展

社会主义先进文化，既立足于中国优秀传统文化，又要求"在建设社会主义先进文化的过程中变革传统文化"，而能否正确认识和推进中国优秀传统文化的创新发展，关系到坚持文化自信和发展社会主义先进文化的活力来源。

中国优秀传统文化是提升文化自信、促进社会主义先进文化繁荣发展的根基。传统文化如果没有与时俱进地进行转化创新，就难以用动感的活力推进当代文化发展，只有在自觉自主自信传承中国优秀传统文化的基础上，才能更好地焕发社会主义先进文化的生机活力，从而增强文化自信。我国传统文化经过数千年的沉淀发展，已经成为中国的宝贵资源，在文化自信视域下，面对进一步促进传统文化与当代文化融合发展新的时代任务，必须正确认识和评价传统文化，进一步发挥传统文化的价值。

三、应对多元文化冲击的必需手段

中国是一个文化古国与文化大国，当代中国在文化建设方面提出了新的更高的目标，即建设文化强国。文化强国是指一个国家拥有强大的文化力量。这种力量既表现为具有高度文化素养的国民，也表现为发达的文化产业，还表现为强大的文化软实力。中国优秀传统文化作为中华文化安身立命的根与魂，"忘本""去根"不可能拥有强大的文化实力。

中华文化的发展面临着极大的机遇与挑战，一方面，中华文化在与世界各国文化交流的过程中，通过相互借鉴不断扩大文化视野，人们的文化选择越来越多，这有助于推动文化创新，甚至逐渐融合、创造新的文化，同时在文化交流碰撞中，增强中华文化的生命力，中华文化在历史发展过程中不断吸收各种文化得到丰富、发展。各国的文化差异在交流的过程中必然会产生碰撞，文化多样性的发展会减弱本土文化的特性，妨碍文化认同的发展，如何有效应对多元文化浪潮在人们精神层面引起的思想撞击和观念冲突，这就需要自觉主动发挥传统文化在经济社会中的积极能动作用，站在时代和世界的高度看待中国传统文化，推进中国优秀传统文化进行转化创新，在认清自身文化的同时与世界文化交流互鉴，既保留积极科学的文化成分，又合理吸收外来文化，用高度的文化自信来强化和引领多元文化思潮。

第四节　传统文化"双创"协同机制的构建

"'双创'的实现有利于文化自信的塑造、国家精神的培育和社会主义核心价值观的推广"。[①]文化的伟力蕴含在社会成员的爆发力与创造力中，深深地烙印在人们的生命力之上，中国优秀传统文化作为提升文化自信的内生资源，必须与时代同步伐，与时俱进地实现自身的创新发展。

---

① 崔亚超.论传统文化"双创"的时代指向与机制再造——以陈亮文化的传承与发展为例［J］.文化创新比较研究，2020，4（32）：4

一、中国传统文化"双创"的主体协同机制

创新主体和文化创造的关系、参与程度，直接影响中国传统文化"双创"的发展。因此，我们需要充分了解中国传统文化"双创"，了解不同文化主题所占据的位置以及发挥的作用，同时对创新主体和文化创造二者之间的关系进行协调。人民群众是中国传统文化"双创"得以实现的主体，传统文化工作者在这一过程中担任骨干角色，国家占据主导性地位。能够总结归纳中国传统文化的起源以及变更的历史，同时也是完成中国特色社会主义文化建设工作所需的必然条件。在文化发展的进程当中，人民群众以及传统文化工作者都在用自己的方式贡献力量，二者之间相互关联和影响。

（一）中国传统文化"双创"主体地位的实现

各主体在中国传统文化"双创"实现的过程当中占据着不同的地位，国家占据主导地位。以传统文化工作者为代表的知识分子作为主力，是骨干力量，提供基本力量的是人民群众。

1. 传统文化工作者的骨干地位

中国传统文化实现"双创"的过程中，居于骨干地位的传统文化工作者，体现了文化发展历史中知识分子的重要性，同时也是现实要求。

（1）在实现中国传统文化"双创"的过程中传统文化工作者作为骨干，展现了重要的历史地位。知识分子在中国传统文化创建发展的过程中发挥着重要作用，例如，春秋时期的孔子结合当时时代社会环境，提出"仁者爱人"以及"克己复礼"的思想主张，提出待人要以仁爱之心，治理国家尊崇礼、德，儒家学说由此诞生。从儒家思想的产生和发展角度进行分析可知，在传统文化的产生和发展进程中，知识分子发挥着重要的骨干作用。

（2）在中国传统文化实现"双创"的进程中，传统文化工作者发挥骨干作用的同时也顺应着现实要求。实现中国传统文化"双创"，借助对传统文化的创造创新来实现时代化。以教育和宣传作为传播手段，将时代化成果转变成为人民群众的思想认识，并使其在生产生活实践当中进行体现，实现文化育人的目的。对中国传统文化"双创"的实现来说，其内涵表明这是一项具有系统性特点的工程，文化工作者在每一个环节当中都发挥着重要的作用。

对中国传统文化实现"双创"的过程来说，相关教育工作的宣传是一个重要环节。一方面，中国传统文化知识可以在宣传和教育的过程中得到普及，使得其他文化主体能够进一步了解和掌握中国传统文化中的优秀部分，成为中国传统文化实现"双创"的重要基础条件，以传统文化工作者为代表的知识分子是主要执行者；另一方面，在开展宣传教育工作的过程中，受教育者习得经过创新和创造后所得的中国传统文化成果，推动具有中国特色的社会主义文化建设。传统文化工作者对中国传统文化"双创"成果以及产品的传播教化起到积极的推动作用，传统文化工作者是这一过程之中的骨干力量。

在中国传统文化实现"双创"的过程中，传统文化工作者研究成果为其提供了重要的

理论指导。实践有理论作为指导，传统文化工作者对其进行的理论研究可以帮助人们更加准确地认识和理解中国传统文化"双创"的重要性。

在传统文化的发展传承过程中，传统文化工作者对其进行的创造与创新起到了重要的作用。传统文化工作者无论是从自身素质还是工作性质来看都具有优势，在实现中国传统文化"双创"的过程当中，传统文化工作者占据着更多的有利因素，这使他们能够以实践经验为基础，进一步实现创造和创新。

因此，知识人士肩负着传承传统文化的使命，对知识人士来说只有以传统文化为立足点，才可以使自己的人格精神得到发挥，从而得到与世界平等对话的资格。

2. 人民群众的地位

人民群众作为历史主体角色存在，中国传统文化实现"双创"的过程中人民群众占据着基础位置。

人民群众是文化传承发展过程中创造传承的主要载体。文化创造的物质保障源自人民群众的物质实践活动，文化创造所需的资源源自精神实践活动。与此同时，文化创造以及传承正是精神实践本身。

在中国传统文化实现"双创"的过程中，人民群众处于基础位置，为其提供基本力量，主要有以下三点表现：

（1）在中国传统文化实现"双创"的进程中，其物质保障以及创造的源泉在于人民群众所进行的实践活动。在人类社会存在以及发展进程中，物质资料生产活动能够为其提供物质基础，同时也在文化创造的过程中为知识分子提供物质以及资金条件。中国传统文化"双创"的实现工作具有系统性，需要多环节之间的配合，其中每一个环节都需要以人民群众实践活动作为基础，提供相关物质保障以及创造所需的素材。

（2）人民群众精神文化需求日益增长使得中国传统文化"双创"的实现成为必然，为其提供动力。人民群众创造文化，使文化不断发展，并享有文化成果。要想推动人民群众追求更高的精神文化水平，首先需要满足其基础精神文化需求。除此之外，对人民群众精神文化需求的满足是中国传统文化实现"双创"的重要前提，同时展现出人民群众在历史中的主体地位，展现出我国社会主义的基本性质。

（3）在人民群众进行社会实践的过程中，中国传统文化实现"双创"的过程是不自觉进行的。人民群众能够对文化起到传承的作用，不同的学者对文化含义的理解也是不同的。出现多种不同理解的一个重要原因在于文化具有广泛的涵盖范围。

传统文化使得群众精神文化需求得到满足的同时也起到行为规范的作用。不过原有行为规范因为社会的不断发展以及人民群众不断变化的生产生活方式，产生了无法与社会发展相适应的状况。在这种现象发生之后，人民群众会结合环境的变化对原有文化中存在的部分内容进行不自觉的改变。

（二）中国传统文化"双创"主体责任的实现

1. 传统文化工作者的中坚力量

在中国传统文化实现"双创"的过程当中，传统文化工作者发挥着骨干作用。除了完成中国传统文化"双创"工作外，还影响着其他文化主体，在中国传统文化实现"双创"的进程当中起到推动作用。

一般情况下，传统文化工作者会在研究院所、教育部门、图书馆或是博物馆等机构中工作，其从事的工作与传统文化息息相关，工作的主要内容是研究与宣传传统文化。文化研究能够针对文化政策的制定给出更加专业的建议，同时还能够对人民群众开展文化活动给予理论上的指导。此外也能够在中国传统文化实现"双创"的道路上发挥中间作用。中国传统文化"双创"的实现需要以文化实践经验的总结作为基础，应用创造和创新的手段来实现传统文化向新文化的发展转化。所以，文化研究工作对中国传统文化"双创"的实现有着重要意义。以中国传统文化"双创"为基础的传统文化研究在中国传统文化实现"双创"的过程中发挥着重要作用。对传统文化进行的宣传教育是传统文化教学内容的转换，受教育者会在这一过程中理解和掌握传统文化内容。

传统文化工作者能够在工作之外发挥自身传统文化素养，从而感染周围的人们能够更多地对中国传统文化进行学习，进一步推进中国传统文化"双创"。传统文化工作者在自身工作特点以及传统文化素养的影响下对传统文化进行解读，这样的解读可以获得人们认可，并在中国传统文化当中获得话语权。因此，传统文化工作者认知和理解传统文化的结果会对其他文化主体理解认知传统文化造成影响，并对中国传统文化"双创"造成影响。

2. 人民群众的基础力量

在中国传统文化实现"双创"的道路上，人民群众处于基础位置，在中国传统文化实现"双创"的进程中发挥着推动作用。

在中国传统文化实现"双创"的道路上，人民群众作为基本力量存在，在中国传统文化实现"双创"的进程中为其提供资源，同时也是落脚点。

（1）从目标角度进行分析，中国传统文化实现"双创"的过程当中人民群众是根本的落脚点，其根本目标是满足人民群众日益增长的精神文化需求，这是由我国的社会主义基本性质决定的，也是必然要求之一。人民群众创造与创新文化的积极主动性会因为追求精神文化生活而得到提升，使得创造创新文化的内驱力得到提升，对中国传统文化"双创"的实现起到推动作用。

（2）从条件角度进行分析，中国传统文化实现"双创"的过程中人民群众为其提供了物质基础和创造的源泉。经济的发展因为物质实践活动而得到推动，中国传统文化"双创"的实现也因此有了物质上的保障。知识分子开展文化创新与创造因为文化实践活动而获得了创造的源泉。

（3）从力量和路径的角度进行分析，中国传统文化实现"双创"的过程当中人民群众是基本力量。以自身的实践活动为基础推动中国传统文化"双创"的实现。一方面，在社会进行变化的过程中人民群众会对自身的行为做出调整，改变传统；另一方面，中国传统文化"双创"的实现也因为人民群众坚持调整传统文化活动、参与新社会文化活动而得以推动。

二、中国传统文化"双创"的多面协同机制

（一）基于形态的传统文化"双创"路径

1.心态文化的"双创"

心态文化是由人类在社会实践和意识活动中所形成的价值观念、审美情趣、思维方式等构成的，是深层次的文化，是文化的核心部分。

（1）心态文化即精神文化。中国传统文化中的心态文化就是精神文化。由于生活环境、生产生活方式等的不同，在长期的生产生活过程中，不同的地域会形成不同的文化。其中，作为文化中最深层次的内容，精神文化更是一个文化特色的体现。

心态文化即精神文化，具有较强的稳定性，但在不同的社会发展时期具有不同的表现形式。实现中国传统文化"双创"，就是要将传统文化精神与时代精神相结合，推动文化的发展。

（2）拓展、借用以及发展。在实现中国传统文化"双创"过程中，拓展是指根据时代变迁，在原有文化基础上增加具有时代性的内容。借用是指以传统文化中某个方面表达或阐释新的社会环境下所要表达或阐释的文化含义，发挥传统文化作用，以解决现实问题。

发展是指在"双创"中国传统文化过程中，在原有旧词基础上予以发展，赋予旧词以新的具有时代特点的新意，并形成具有时代特色的新的表现形式。如社会主义核心价值观中的民主。形成于古代中国的传统文化中虽没有民主思想，但有民本思想。但民本思想主要是强调对普通民众力量和意愿的重视，不是赋予民众以管理国家事务和社会事务的权利。因此，社会主义核心价值观中的民主与传统文化中的民本有着明显的不同，已超越了传统文化中的民本思想。社会核心价值观中的民主是社会主义的民主，是人民民主，不是少数人的民主。中国不仅一直非常重视人民群众的利益，而且通过国家制度赋予人民群众以管理国家事务、社会事务的权利。民主思想发展和超越了民本思想的内容。

拓展、借用与发展是传统精神文化"双创"的三种方式。中国传统文化中蕴含着丰富的精神文化内容，这些文化内容是中国的文化基因，对中国特色社会主义建设仍具有重要

意义。通过拓展、借用与发展方式进行创造与创新，实现中国传统文化"双创"，有利于发挥传统精神文化的当代价值。

2. 行为文化的"双创"

行为文化体现在人们的日常行动之中，以民风民俗形态出现，具有鲜明的地域特色，是人们在社会实践中逐渐形成并约定俗成的行为规范。实现中国传统文化"双创"，发挥中华优秀传统文化的现代价值，须落脚于人们的行为，也需要注重实现传统行为文化的"双创"。

人们的行为不仅是一个人文化素养、道德水平的体现，也是一个国家、一个社会发展程度的体现。良好的行为习惯对调整人们的行为、协调人与人之间关系，推动社会主义精神文明建设具有重要作用。推动培育良好的行为习惯，其中一个重要方面就是弘扬中华传统美德。中华传统美德是中国传统文化的核心内容。中华传统美德，如诚信、友爱等，对指导人们当前的行为、推动社会主义精神文明建设有着重要作用。

综观人们行为文化的变迁，更多的是人们为适应社会发展的自然变迁，但由于人们的行为及由此所表现出来的行为文化对个人、社会和国家发展的重要性，所以应注重对传统行为文化的变迁进行引导，创造性转化、创新性发展，以促进个人、社会和国家的发展。

3. 物态文化的"双创"

物态文化主要指是以可具体感知的，摸得着、看得见的形态存在的文化。

（1）物态文化蕴含着丰富的传统文化。在特定的社会发展状况下，物态文化由古人所制造或建造，而古人在制造或建造它们的时候，总会将古人所理解以及其认为应该得以保留的思想观念等文化内容体现在物态文化之中。

如国家一级文物越王勾践剑，它的价值不仅体现在其工艺技术方面，也体现在其所蕴含的思想文化价值上。当然，它的思想文化价值与它的曾经拥有者越王勾践有着密不可分的关系。春秋时期，吴越之间争霸，越国战败。越王勾践忍辱负重，卧薪尝胆，韬光养晦，最终灭掉了吴国，并成为春秋时期最后一位霸王。因此，越王勾践剑也被赋予了其精神意义。可以说，每一种能够被保留下来的物态文化都会从某个方面反映中国传统文化的某一方面内容，因此，实现中国传统文化"双创"，应合理对待物态文化。

（2）物态文化的保护、研究与开发。物态文化作为文化遗产，虽然有艺术、历史和科学价值，但从传统文化"双创"角度来看，并不是将原有的文化遗产进行改造，而应是在保留、保护原有文化遗产的基础上加强对物态文化的研究，并注重开发物态文化中所蕴含的非物质文化意义，即传统文化精神。

第一，物态文化的保护。在五千多年的历史发展过程中，中国人创造了丰富灿烂的古代文化，为当今人们留下了丰富的物态文化遗产。因为物态文化遗产蕴含着丰富的传统文化因素，而且物态文化遗产创造于古代社会，存在时间一般比较长，由于自然和人为的原因，有的文化遗产已遭到破坏。所以，首先要注重保护古代人们留下来的这一宝贵财富。

第二，物态文化的研究。由于年代相隔，对有的物态文化遗产的研究已取得一定的成绩，但对有的物态文化遗产仍须进一步研究。当然，现代科技的发展，为进一步研究物态文化遗产提供了条件。只有加强对物态文化遗产的研究，才能更好地了解物态文化遗产，了解其蕴含在物态文化遗产中的中国传统文化。

第三，物态文化的开发。作为物态的文化，文化遗产是中国传统文化的内容与载体。实现中国传统文化"双创"，要注重开发物态文化遗产的文化意义。其中要注重做好三方面工作：①合理阐释物态文化遗产所蕴含的传统文化内容；②在阐释的基础上，对蕴含在物态文化遗产中的传统文化进行合理阐发；③以宣传推动人们了解物态文化中与现代社会发展相适应的传统文化内容。

（二）基于不同层面的传统文化"双创"路径

文化是一个整体概念，从作用层面来看，有国家、社会和个人不同层面的文化。中国传统文化也是如此。不同层面文化的作用范围、方式不同，因此，实现中国传统文化的"双创"也要注重根据不同层面文化的特点采取不同的路径。

1. 社会层面传统文化的"双创"

（1）社会层面传统文化的特征。社会层面传统文化主要包括两方面的内容：①反映中国传统社会人与人、人与社会关系的文化；②调节中国传统社会人与人、人与社会关系的文化。正是基于社会层面传统文化的这两方面内容，社会层面传统文化主要有这样几个特点。

社会层面传统文化是中国传统社会中人与人、人与社会关系的反映，产生于并适应了中国传统社会人与人、人与社会的关系。

（2）认可、调整以及践行。社会层面传统文化是古代中国人在长期的社会生产生活实践中形成的，是古代中国人在处理人与人、人与社会关系方面智慧的体现，对指导当前人们处理人与人、人与社会关系也具有重要作用。对传统文化中适合于调理社会关系和鼓励人们向上向善的内容，要结合时代条件加以继承和发扬，赋予其新的含义。继承、弘扬社会层面传统文化，实现对社会层面传统文化"双创"，须经过认可、调整与践行三个步骤或阶段。

第一，认可。认可主要是指承认和肯定社会层面传统文化的现实价值，承认和肯定传统文化内容的适度合理性。要实现中国传统文化"双创"，首先要正确对待传统文化，既要注意到传统文化与社会经济、政治变化不相适应的方面，也要注意到传统文化在当前社会中仍包含具有存在与发展价值的内容。同时，要肯定传统文化的现实价值，要肯定社会层面传统文化中的优秀内容对良好社会风气的形成，推动社会主义精神文化建设具有重要意义。

第二，调整。调整是指在"双创"中国传统文化的过程中，要根据社会发展现状，对社会层面传统文化进行适当的调整。一是因为与文化相对应的社会政治、经济环境的变化；二是由社会层面传统文化的内容的特点所决定的；三是因为社会层面传统文化的历史特点。

第三，践行。践行主要是指要实现社会层面传统文化"双创"，人们须在社会生产生活实践中，在处理与他人、与社会关系的实践中自觉按照社会层面优秀传统文化和调整发展后的文化相关内容去做。在实践中实现对社会层面传统文化"双创"，这是由社会层面传统文化的特点所决定的。社会层面传统文化是规范和调整人与人、人与社会关系，并反映人与人、人与社会关系的文化，而只有在社会生产生活实践中，才能产生人与人、人与社会的关系，所以，只有在社会生产生活实践中，才能发挥社会层面传统文化的规范和调节作用，才能检验社会层面传统文化中哪些内容适合社会发展，才能根据社会实践发展而发展社会层面优秀传统文化。

认可、调整和践行是实现社会层面传统文化"双创"的三个环节。其中，认可是基础，只有对社会层面传统文化的认可，人们才能去学习并在实践中去做。调整是保证，只有将社会层面传统文化去除传统文化的不良内容并做适合当代社会需要和人们生产生活需要的调整，才能真正发挥中华传统美德在中国特色社会主义文化建设中的作用。践行是落脚点，人们应将已转化和发展了的中华传统美德转化为自我认知，并转化为生产生活实践中的自觉行动，只有这样，才是真正实现中国传统文化"双创"。

2. 家庭层面传统文化的"双创"

家庭层面传统文化被称为家风。家风，是一个家庭或家族长期积淀而成并传承数代的风尚和作风，是家庭或家族成员共同遵守的价值观念、道德操守、行为规范乃至人生情趣的集中展现。家教、家规是家风特有的展现方式。同时，它通过家庭成员之间有意和无意的教育与影响得以传承，表现在家庭成员的个人行为之中。

（1）家庭层面传统文化的特征

第一，家庭是社会基本细胞。发挥家庭在社会发展中的作用，应加强家庭层面文化建设。家庭是社会构成的基本要素，家庭的稳定与发展是国家建设的重要基础与保障。因此，不论时代发生多大变化，不论生活格局发生多大变化，都要重视家庭建设，注重家庭、注重家教、注重家风。

第二，家庭层面传统文化是国家与社会层面传统文化的缩影。这主要是由两方面因素决定的。一是由家庭在国家与社会发展中的重要地位与作用所决定。自家庭产生以来，家庭就成为国家与社会发展的重要因素；二是由中国传统社会的社会结构特点所决定。中国传统社会是族权与政权相结合的社会结构形式，"任何人都不可能摆脱宗族关系而存在"。强化人们的宗族意识、家族意识，将宗族力量建设成为维护封建统治的重要力量，是传统社会文化建设的重要内容。

第三，实现中国传统文化"双创"要注重发挥家庭作用。这主要是因为：①家庭在个人发展中的重要地位与作用。家庭是一个人的第一所学校，一个人出生后，所接受的教育首先来自家庭。同时，由于家庭成员之间存在着难以割舍的亲情，特别是父母与子女之间存在的血缘关系，使一个人更容易接受来自家庭方面的教育；②家庭层面传统文化中包含有优秀的内容，这些内容在当今社会建设与发展中仍具有重要意义；③中国人有重视家庭和家庭教育的传统。如"齐家"即注重家庭、家族建设。其中，文化建设是家庭和家族建设的重要内容。家庭内要"父慈子孝""兄友弟恭"。

（2）重拾、重构

重拾是指重新肯定良好家风的地位与作用，重新树立良好传统家风；重构是指在家庭层面传统文化的基础上重新确立新的家风等家庭层面文化。

（三）传统文化的融合协同路径

1. 自在与自觉的相互结合

自在与自觉的结合，主要是以实现中国传统文化"双创"主体为切入点，推动各路径的相互配合。自在含有自然的意思，主要是指中国传统文化随着社会发展所发生的自然改变。但从另一方面来看，文化是由人所创造的，所以文化的自在发展过程实际上是指随着社会发展，人们对原有文化的不自觉的继承、调整与丰富。自觉含有人为的特点，主要是指在中国传统文化的传承与发展中，人们为适应社会发展需要，有意识地通过创新发展中国传统文化，使中国传统文化中适应变化了的社会，以发挥中国传统文化在变化了的社会中的作用。当前，推动实现中国传统文化"双创"，要注重发挥不同文化主体的作用，以文化发展自在与自觉的统一，推动实现中国传统文化"双创"。

（1）文化的自在发展。文化的自在发展，是人们在变化了的社会环境中对文化所做出的自然反应。在这自然的反应过程中，传统文化中的适合社会发展的内容被保留下来，而不适合社会发展的内容被抛弃或改变，传统文化得以传承与发展。传统文化的自在发展主要有以下两种形式：

第一，新的文化内涵取代传统文化内涵。随着社会发展，人们在实践中逐渐抛弃了传统文化中不适应社会发展的内容，代之以与社会发展相适应的内容。

第二，以传统文化为基础的改变。这种改变主要是指文化主体根据社会变迁对原有文化做出或增加或减少的调整。文化的发展是在原有文化基础上的发展，新文化就是在传统文化的基础上剔除不适应社会发展的内容，增加适应、推动社会发展的内容的基础上形成的。新文化中会含有传统文化的一些内容。

（2）文化的自觉发展。文化的自觉发展，主要是指当文化所处的社会环境发生变化时，人们有意识地、通过采取一定的措施，对原有文化的发展变迁进行引导，以推动文化适应社会发展需要的变化。传统文化的自觉发展主要表现为以下两种形式：

第一，抽丝剥茧。即去掉中国传统文化的表象内容，而保留中国传统文化的核心价值。这一方面表现为从各种传统文化表现形式中挖掘蕴含在这些表现形式中的中华优秀传统精神文化，并将这些文化内容与当代社会相结合，以实现中国传统文化"双创"；另一方面是以正确的立场、观点和方法对待中国传统文化，去粗取精、去伪存真，从中挖掘出中华优秀传统文化。如对社会层面传统文化的"双创"。传统社会的经济、政治特点决定了在传统中国，人们在处理人与人关系上具有一定的差别性，而且这种差别性在一定程度上还发展为阶级性。但社会层面传统文化中包含有在当代社会仍具有重要价值的内容。实现中国传统文化"双创"，要注重挖掘中国传统文化中的优秀成分。

第二，注入新的内容。这个新的内容主要是指文化主体所认可的、与时代社会发展相适应的文化内容。面对变化了的社会环境，引导、推动文化发展，一个重要路径与方式就是将传统文化注入适应社会发展需要的内容。

（3）自在与自觉相结合实现中国传统文化"双创"。推动实现中国传统文化"双创"，要注重实现自在与自觉的结合。发挥不同文化主体的作用，实现不同文化主体的相互配合。实现文化发展自在与自觉的结合，要注重做好以下三方面：

第一，正确处理不同文化主体在中国传统文化"双创"中的关系。其中，群众的实践活动是基础、源泉，为实现中国传统文化"双创"提供物质保障、创造资源。同时，群众在实践中推动着文化的变迁。文化工作者的文化理论创新引导、指导着群众的文化实践活动。

第二，正确处理内在驱动力与外部驱动力在中国传统文化"双创"中的关系。文化的发展既有其内在驱动力，也有外部推动力。文化的内部驱动力主要是指文化各要素之间的相互影响、相互作用推动着文化的发展。同时，当文化所处环境发生变化时，由社会政治、经济环境所决定的文化也发生变化。而且文化的发展不仅受到其所处社会政治、经济发展状况的影响，还受到社会主体——人的影响。人在文化发展中具有主观能动性，其通过自身的文化行为推动着文化向着对其有利的方向发展。

第三，正确处理遵循文化发展规律与发挥主体能动性的关系。文化的自在发展主要强调、遵循的是文化发展的自身规律。而文化的自觉发展更多的是强调文化主体对文化发展变迁的引导、推动作用。要实现中国传统文化"双创"，实现文化发展自在与自觉的统一，就要在遵循文化发展规律的基础上发挥主体能动性。

2. 传承与发展的相互结合

传承与发展相结合，主要是从实现中国传统文化"双创"的不同环节的角度来说的。中国传统文化"双创"包含文化传承与文化发展两方面的含义。文化传承与文化发展既相互区别又相互联系。传承与发展都是以中华优秀传统文化为基础，传承是发展的基础，发展是在传承基础上的发展。传承是有选择地"扬弃"，是发展中华优秀传统文化的一种方式。但二者的侧重点是不同的，传承注重的是对传统文化的继承，而发展更多注重的是在传统文化基础上的文化创新发展。由于文化传承与文化发展的侧重点的不同，所以二者的实现路径是不同的。但文化传承与文化发展之间的相同之处，为二者的结合提供了条件。实现中国传统文化"双创"，要注重实现文化传承与发展的相互协调，在实现路径方面实行多路径的相互配合。

（1）关于传承中华优秀传统文化。中国传统文化"双创"包含有传承的含义，是在文化转化与发展过程中实现对中华优秀传统文化的传承。传承中国传统文化的首要条件是文化主体要了解中国传统文化；传承传统文化的最终环节是文化主体接受传统文化；传承中国传统文化，不仅是传，还包括承。

（2）关于发展中国传统文化。文化发展的路径是多样的，主要有这样五种方式：

第一，细化。文化的细化主要是指文化在其发展过程中呈现出分支越来越细的现象。

第二，丰富。文化的丰富是指在原有文化基础上内容的增多。如中国汉字，从甲骨文到金文再到小篆、隶书、楷书、行书、草书，不仅是汉字字体不断发展，汉字的数量也在不断增多。

第三，综合。文化的综合发展主要是指在文化交流过程中通过综合不同文化或者某一文化的不同流派，推动文化的发展。如京剧就是在融合多种地方戏的基础上形成的。

第四，吸收。中华文化具有极大的包容性，它在不断吸收外来文化的有益内容的基础上得以不断发展。如儒家文化在其发展过程中就吸收借鉴了其他思想文化的内容。

第五，增删。增删主要是指通过去掉原有文化中不适应社会发展的内容，增加适应社会发展的新内容的方式推动文化的发展。推动文化的发展并不是将原有文化全部抛弃，如果否定原有文化在文化发展中的基础性地位，就会陷入"历史虚无主义"的错误。对文化的发展实质上也是对传统文化的继承，而这种继承并不是对传统文化不加区别地全盘接受，如果不加区别地全盘接受传统文化，就犯了"复古主义"的错误。

（3）传承与发展相结合实现中国传统文化"双创"。中国传统文化"双创"要坚持在传承中发展，在发展中传承，正确处理发展与传承的关系，实现传承与发展的相互配合。

第一，传承是在发展中传承。形成于传统社会的文化是传统社会政治与经济的反映。人们对文化的传承并不是全盘地接受，而是在发展中传承传统文化。

第二，发展是在传承中发展。文化并不是凭空产生的。文化的发展是建立在已有文化基础上的发展。发展传统文化实质上是对传统文化的传承。实现中国传统文化"双创"，就要在继承的基础上发展，在发展的过程中继承。

3. 文化转化、发展与文化主体活动的结合

文化转化、发展与文化主体活动相结合，主要是从实现中国传统文化"双创"目标角度来说的。不论采取何种路径实现中国传统文化"双创"，都是指向目标，也都要落脚于

目标。其中建设中国特色社会主义文化，满足人民群众日益增长的精神文化需求是当前我国文化建设的根本任务，也是实现中国传统文化"双创"的根本目标。也就是说，建设中国特色社会主义文化，满足人民群众的精神文化需求是实现中国传统文化"双创"各路径的共同指向。

（1）关于中国传统文化"双创"与主体能动性。主体需求是实现中国传统文化"双创"的动力，也是目标。人在社会发展中具有能动性，实现中国传统文化"双创"，是人的文化创造与创新活动。主体的需求、主体对现实社会及文化转化发展规律的掌握程度等因素都会在不同程度上影响着主体会采取何种方式、通过何种路径实现中国传统文化"双创"。主体因素是各种中国传统文化"双创"路径相互配合的契合点之一。

文化主体是实现中国传统文化"双创"路径的选择者。采取何种方式、何种路径实现中国传统文化"双创"，文化主体在其中扮演着重要的角色。文化主体的世界观与价值观，对文化的理解与掌握程度，对时代特征的认知与把握程度，对文化发展规律的掌握程度等因素，都会在不同程度上影响其对路径的选择。

文化主体是实现中国传统文化"双创"过程的实施者。文化主体的活动贯穿于实现中国传统文化"双创"的全过程。文化主体的知识素养、创新意识与能力、调控能力等因素，会在一定程度上影响过程的实施。

文化主体是实现中国传统文化"双创"路径的检验者。实现中国传统文化"双创"路径的选择受多种因素的影响，在实施过程中也会遇到各种不同因素的影响。所选择的路径是否符合需要，其最终还是由中国传统文化"双创"的实施者来检验。

（2）关于中国传统文化"双创"与群众实践。实现中国传统文化"双创"多路径的相互配合，群众的实践活动是重要切入点与结合点之一。

第一，植根于群众的实践活动。群众的实践活动是中国传统文化"双创"的源泉与动力。不论采取哪种路径实现中国传统文化"双创"都须植根于人民群众的实践活动。中国传统文化"双创"，就要植根于群众的实践活动，总结群众实践活动中对传统文化的创造与创新经验。

第二，落脚于群众的实践活动。满足人民群众的精神文化需求，是实现中国传统文化"双创"的根本目的。其中，群众的实践活动是其精神文化需求的外在体现。所以，不论采取何种路径实现中国传统文化"双创"都要落脚于群众的实践活动。随着生活水平的提高、经济收入的增长，原有的过春节方式已不能满足人们的需要，而人们又不愿意丢掉春节的传统风俗，在这样的情形下，就需要对传统风俗进行适当的改变，以满足人们的需要。

（3）关于中国传统文化"双创"与以文化人。社会是由经济、政治与文化构成的统一整体，经济、政治与文化之间相互联系、相互影响，推动社会不断发展。文化对社会经济与政治的作用力，主要通过文化主体实现，即文化只有被大多数人所掌握才能在一定程度上发挥其在社会经济与政治发展中的作用；同时，文化一经被大多数人所掌握就会在一定程度上发挥其在社会经济与政治发展中的作用。

实现中国传统文化"双创"，就是要发挥其在中国特色社会主义文化建设中的作用。而中华优秀传统文化作用的发挥与否、作用的大小等，在很大程度上取决于中华优秀传统文化被人们所掌握的程度。所以，不论采取何种路径，都要以人为本，以"双创"了的中国传统文化教育人、教化人。"以文化人"，实现中国传统文化"双创"的各种路径都落脚于人民群众的需求、人民群众的实践活动，是实现中国传统文化"双创"不同路径相互配合的契合点。

三、传统文化"双创"的全方位保障机制

（一）传统文化"双创"的人才保障机制

人是文化创造与创新的主体，是实现中国传统文化"双创"的主体。实现中国传统文化"双创"，对文化主体的素质提出了一定的诉求。

1. 主体素养的基本价值

对文化的自觉传承与发展需文化主体具有一定的认知观念与文化素养，而且文化主体对文化的传承与发展程度受认知观念与文化素养的影响。从文化主体在文化传承与发展过程中是否有意识来看，文化的传承与发展可以分为文化主体的自发行为与自觉行为两种。文化主体对传统文化的观点决定了文化主体对传统文化的态度与行为；文化主体的文化素养在一定程度上决定了文化主体对传统文化的理解程度，并在一定程度上决定了文化主体将传统文化与现实联系的程度，进而影响对传统文化的传承、转化与发展。

实现中国传统文化"双创"是一项文化主体有意识的实践活动，文化主体的文化观、历史观、文化素养特别是传统文化素养，对中国特色社会主义建设的认识，都在一定程度上影响着文化主体"双创"中国传统文化的行为。

2. 主体素养的基本内容

实现中国传统文化"双创"，文化主体应具有正确的传统文化观、一定的文化素养和一定的文化创新意识与能力。

（1）对传统文化观的基本要求。

实现中国传统文化"双创"，文化主体应具有的传统文化观的内容主要包括全面认识中国传统文化、正确对待传统文化。

第一，全面认识中国传统文化。文化是一个内涵十分丰富的范畴。中国传统文化也是一个内涵丰富、外延广阔的概念。

第二，辩证地看待中国传统文化。当今社会与传统社会相比，各方面已发生了翻天覆地的变化。随着社会发展，形成于传统社会的中国传统文化成为一个矛盾体，既有精华部

分，也有糟粕内容。要辩证地看待中国传统文化，既不全盘肯定，也不全盘否定。要将封建的或者含有封建残余思想的内容去除掉，对有利于推动中国特色社会主义建设、有利于建设中国特色社会主义文化、有利于满足群众文化需求的内容要保留、传承、转化和发展。

第三，"双创"中国传统文化。对待中国传统文化，不仅是传承的问题，要坚持古为今用、推陈出新，要通过"双创"，实现传统文化的当代价值。

（2）对文化素养的基本要求。

第一，实现中国传统文化"双创"，需要文化主体具有基本的文化素养。中国传统文化"双创"，实际上阐述了对待中国传统文化的两个不同方面：①转化；②发展。中国传统文化创造性转化又主要包括两方面内涵。一方面是将中国传统文化转化为与当代社会经济、政治发展相适应的文化，包括中国传统文化理论创新、内容与形式创新等；另一方面是将中国传统文化的优秀成果通过教育、宣传等途径，转化为人民群众的文化认知、价值理念以及自觉行为。通过对中国传统文化"双创"的阐释可以看出，不管是转化还是发展，都需要文化主体具有基本的文化素养，这是主体理解、转化、发展中国传统文化的基础。当然，对不同的文化主体，对其基本文化素养的要求是不同的。

对知识分子、文化工作者，特别是从事与中国传统文化"双创"有关工作的知识分子、文化工作者，对他们基本文化素养的要求要高一些，他们需要能够掌握一定的文化理论知识，能够具有一定的古文阅读能力，能够具有深刻理解国家文化建设方针政策、把握当前国家文化发展状况以及文化发展趋势的知识储备与能力。而对普通民众来说，对他们基本文化素养的要求可以相对低一些，他们需要能够记忆并理解一些古文，并能够接受并理解国家文化宣传的内容。

第二，实现中国传统文化"双创"，需要文化主体具有一定的传统文化素养。"双创"的对象是中国传统文化，这就要求文化主体有一定的中国传统文化的知识。当然中国传统文化内容丰富，涉及范围较广，作为文化主体深刻理解和掌握所有的中国传统文化知识是不现实的。所以，对文化主体的传统文化素养的要求是有一定侧重点的，主要是要求文化主体具备与其工作需要、自身发展需要以及社会发展需要有关的传统文化素养。同时，对不同的文化主体的要求也是不同的。对知识分子、文化工作者，特别是从事与中国传统文化"双创"有关工作的知识分子、文化工作者，对他们的传统文化素养的要求要高一些，因为他们所从事的工作就是中国传统文化"双创"。他们要能够熟悉并深刻理解与工作有关的中国传统文化。对普通民众来说，对他们的传统文化素养的要求要低一些，主要是能够了解并熟悉传统文化，特别是传统美德。

第三，实现中国传统文化"双创"，需要文化主体能够理解国家的文化建设方针政策。传统文化"双创"，是国家文化建设的重要组成部分。推动、实现中国传统文化"双创"，就需要了解并理解相关方针政策。

（3）对创新意识与创新能力要求。由于在中国传统文化"双创"过程中，不同文化主体的地位与作用是不同的，所以，对他们的创新意识与创新能力的要求也是不同的。

在中国传统文化"双创"过程中，国家居于主导地位。根据世情、国情的变化，对中国传统文化"双创"工作做领导、指导和统筹等顶层设计工作。所以，国家的文化创新意识与创新能力的要求较高，要能够深入理解和把握文化发展规律，在科学理论指导下制定正确的文化建设方针政策，推动国家文化建设。

由于知识水平和工作特点等因素的影响，知识分子特别是传统文化工作者是中国传统文化"双创"工作的骨干。他们不仅从事文化理论创新、文化内容创造与创新等传统文化"双创"工作，而且他们的工作对人民群众的文化实践活动也具有一定的指导意义。所以，对知识分子特别是传统文化工作者的文化创新意识与创新能力也提出了较高的要求，人民群众在实践中推动着中国传统文化"双创"。在这一过程中，有被动的创新，也有主动的创新。因为当其所处环境发生变化时，人们可能会思考如何改变原有的文化内容以适应变化了的社会，进行主动的创新；也可能在新的环境中对其自身的文化实践做着不自觉的改变。但从总体上说，对普通民众的创新意识和创新能力的要求要低一些。

（二）传统文化"双创"的体制保障机制

文化主体在实现中国传统文化"双创"的过程中，不仅需要其自身具有一定的素养，同时还需外部条件的支持，如相应的物质条件、相对宽松的创造与创新环境等。

1. 全面改革实现保障

实现中国传统文化"双创"，不只是属于文化领域的工作，还需要相关领域的协作与配合。只有全面改革，才可以更好保障中国传统文化"双创"的进一步发展。

（1）宽松与竞争并存的文化体制。宽松与竞争并存的文化体制是实现中国传统文化"双创"工作的需要。

第一，宽松与竞争并存的文化体制有利于为文化主体提供更为宽松的创造与创新环境。实现中国传统文化"双创"，不是简单"拿来主义"，而是对传统文化的批判性继承、创新性发展，是文化主体在吸收和借鉴其他文化优秀内容并将中华优秀传统文化与当地社会发展和文化建设相结合的过程中，推动中国传统文化的转化与发展。这就需要为传统文化工作者与人民群众提供良好的创造与创新环境，激发人们的学习动力，调动人们的创造与创新意识。宽松与竞争并存的文化体制能够为文化主体提供宽松的文化学习、文化创造创新与文化实践环境；并以竞争激发文化主体学习、创造与创新的动力。

第二，宽松与竞争并存的文化体制有利于调动多个文化主体的创造积极性，发挥不同主体在实现中国传统文化"双创"中的作用。文化从来不是个人的行为，文化是国家的血脉。文化体现在每一个人的思想认识、价值观念与行为习惯中。实现中国传统文化"双创"不是某一个人或者是某一些人的事情，需要全体人民的共同行动。宽松与竞争并存的文化体制可以为不同文化主体提供一种有利的创造与创新环境，从而推动人们的创造与创新行为。

第三，宽松与竞争并存的文化体制有利于进一步激发人们的创新意识，进而推动实现中国传统文化"双创"。回顾改革历史可以看出，改革是通过引入竞争机制等措施来推动原有僵化体制的改变。竞争机制推动了人们的创新意识。人们要在体制改革中发展，在竞争中立足，就必须有创新意识。文化体制改革也是如此。进一步深化体制改革对激发人们的创新意识，推动实现中国传统文化"双创"具有重要意义。

（2）不同领域体制改革的相互配合。实现中国传统文化"双创"需要不同领域体制改革的相互配合，是由多方面因素决定的。

第一，中国传统文化"双创"工作不仅涉及文化领域，也涉及经济、政治等其他领域。同样，文化体制改革与其他领域改革相互联系、相互影响。

第二，这是由文化工作自身特点所决定的。文化工作的主体是人，人是文化的创造者和传播者，而人在创造和传播文化的过程中，受其个人因素的影响和社会因素的影响。文化主体的个人因素，如文化素养，又受到其自身所受教育的影响。影响文化主体的社会因素，如工作环境，既是该工作单位工作方式、工作制度、领导制度等的反映，也在一定程度上受社会经济、政治环境的影响。因此，要发挥文化主体的创造与创新意识和能力，推动实现中国传统文化"双创"，须通过不同领域体制改革为文化主体提供文化创造与创新条件。

第三，这是由文化发展规律所决定的。文化的发展是在原有文化基础上的发展，同时旧文化发展成新文化又受一定条件的影响。文化的形成与发展受社会经济与政治发展状况的影响，一定的文化是一定社会的政治和经济在观念形态上的反映。社会变迁，文化也会随着发生变化。同时，文化的发展也受其文化系统内要素的影响。如科技的发展为文化的传播与创新提供了更为先进的技术手段。正是由于文化在其发展过程中要受到社会其他因素的影响，所以，在以文化体制改革推动中国传统文化"双创"工作时，要注重不同领域改革的相互配合。

2.体制建设的基本原则

加强文化体制建设，为实现中国传统文化"双创"提供体制保障，须从文化建设自身规律着手，坚持社会效益与经济效益的统一，坚守立场与百花齐放的统一，文化创新与文化法治的统一。

（1）社会效益与经济效益相统一。以体制建设保障实现中国传统文化"双创"，在此过程中要注重在体制改革与建设过程中坚持社会效益与经济效益的统一。

这是中国特色社会主义文化建设的要求。推动社会主义文化的繁荣兴盛，一个重要因素是激发文化主体的创造与创新活力。在这一过程中，将市场机制引入文化领域，以经济效益激发文化主体的创造与创新活力，推动文化创造与创新活动，以创造出能够满足文化市场需求、满足人民群众精神文化需求的文化产品。文化产品对人们的思想观念具有一定的影响力。在文化建设过程中要以社会主义先进文化、以符合社会主义核心价值观的文化内容教育、引导人民群众，抵制各种不良思想文化的影响。所以，文化工作不能仅仅注重经济效益，不能把市场占有率、发行量等作为衡量文化产品的唯一标准，要注重文化工作的社会效益。

在社会主义市场经济体制下，文化产品兼具教育和娱乐的双重功能，这就决定了文化产品既要注重经济效益，也要注重社会效益。文化产品须注重经济效益，主要是指文化产品应能够适应文化市场的需要，能够满足人民群众的文化需求。注重文化产品的经济效益，所强调的是以市场需求激发文化主体的文化创造与创新活力。文化主体只有在原有文化基础上进行创新，才能满足文化市场的需要，从而产生经济效益。

（2）坚守立场与百花齐放相统一。在体制改革过程中，既要以改革促创新，提倡文化创造与创新百花齐放，又要坚守立场。坚守立场，包含有两方面内容：一是坚守中华文化立场；二是坚守中国特色社会主义文化立场。这是由文化的特点和作用所决定的，以体制改革推动文化创造与创新，在文化创造与创新过程中，可以吸收借鉴其他文化的优秀内容，但要坚持中华文化立场，传承、发展中华优秀传统文化。中国特色社会主义文化是中国特色社会主义的重要内容，实现中国传统文化"双创"，要坚持正确指导，坚持中华文化立场。

从世界范围来看，全球化的发展趋势，开放的文化环境、多样性的文化形式、互联网的发展，在一定程度上推动了外来文化在中国的传播。在丰富人民群众文化需求的同时，文化软实力在国家参与国际竞争中的地位与作用越来越重要。文化作为国家软实力，带有明显价值立场。立场虽然改变不了事实，却能够直观地反映文化态度。结合当前文化形势，维护国家文化安全，必须坚守中华文化立场。

在文化建设过程中，在实现中国传统文化"双创"过程中，坚守中华文化立场，是对外来文化的批判性吸收。在吸收、借鉴外来文化的优秀成分的过程中，坚守中华文化立场，是在通过文化创造与创新推动实现中国传统文化"双创"的过程中，要警惕、预防和克服错误思想的影响，对传统文化取其精华、去其糟粕，从内容和形式不同方面，对中国传统文化进行时代化、大众化和科学性的发展。

（3）文化创新与文化法治相统一。由于文化在社会发展中的地位与作用，在"双创"中国传统文化过程中，既要发挥文化主体的创造力，又要以法律规范文化主体的文化创造与创新活动。即在以体制改革激发人们的创造活力、推动实现中国传统文化"双创"的过程中，要坚持与相关法律制度建设相配合，以相关法律制度建设引导、规范文化创造与创新活动。

以相关法律制度推动体制改革，引导与规范文化主体的文化创造与创新活动，通过制定相关法律制度，激发文化主体的文化创造力与创新力，推动中国特色社会主义文化建设。以相关法律制度推动体制改革，引导文化主体的文化创造与创新活动，激发文化主体的文化创造力与创新力；规范文化主体的文化创造与创新活动，通过制定相关法律制度保障真正的文化创造与创新活动，推动中国特色社会主义文化建设。

以相关法律制度推动体制改革，规范文化主体的文化创造与创新活动，推动中国特色社会主义文化建设。通过制定相关法律制度规范文化主体的文化创造与创新活动，主要是针对在文化创造与创新活动中所出现的与中国特色社会主义文化建设不相符的、危害国家文化安全的行为，在规范中保障真正的文化创造与创新活动。

第六章 传统文化与文化产业发展新思考

第一节 文化产业的要素及其价值定位

一、产业与文化产业

（一）产业的特性

产业指一个经济体中，有效运用资金与劳力从事生产经济物品的各种行业。中国产业划分为三大类：第一产业为农业（包括农、林、牧、渔）；第二产业为工业（包括采掘、制造、自来水、电力、蒸汽、热水、煤气）和建筑业；第三产业分为流通和服务两部分。

1. 产业的一般特性

（1）规模化生产。规模化生产是从技术层面考虑的，产业化的生产模式就是标准化产品的批量制造、连续性的生产过程。

（2）商业化运营。商业化运营是从市场层面考虑的，产业化的生产目的就是产品的使用价值要通过市场机制实现交换价值。

2. 产业的竞争实力

在市场经济条件下，产业要具备获取并利用资源、开拓市场、占据市场并获取利润的竞争能力。产业竞争力包含产业竞争实力、产业竞争潜力和产业竞争环境等三个要素。

（1）产业竞争实力。产业竞争实力是指竞争主体在一定竞争环境下将竞争潜力转化为竞争优势的能力，包括产业盈利能力、市场化能力、资源转化能力和技术创新能力等指标。

（2）产业竞争潜力。产业竞争潜力是指竞争主体的比较优势和其他可控的发展条件，包括技术投入、价格与成本方面的比较优势等指标。

（3）产业竞争环境。产业竞争环境是指竞争主体不可控的发展条件，主要包括贸易环境、技术环境、相关产业发展环境及产业政策等指标。

（二）文化产业的相关概念

文化产业就是按照工业标准，生产、再生产、储存以及分配文化产品和服务的一系列活动。从文化产品的工业标准化生产、流通、分配、消费、再次消费的角度进行界定。其大规模发展凸显其审美的商品属性，并使审美生产与消费呈现出规模化的效应。它作为特殊的文化形态和特殊的经济形态，影响了人民对文化产业的本质把握，不同国家从不同角度看文化产业有不同的理解。

1. 创意产业

创意产业是起源于个体创意、技巧与才能，透过知识产权的生产与利用，而有潜力创造财富和就业机会的产业。创意产业源自个人或集体创意、技术和才华，重视知识产权的开拓与利用，具有开创财富和就业机会的潜力。创意产业关注设计、电影、音乐、广告、动画、网络游戏等领域里的文化创意和创意设计活动。创意产业的关键词是"科技""符号化""创意经济"，是具有高附加价值、创意以及高流通性的产业形式。

创意产业强调现实创意的草根性，一般分为两种形式：一种是由传统工艺作坊式的创意单元组成的创意群落，如具有艺术风格的美术工作室、非物质文化产品的手工坊；另一种是由新兴创意设计带动的数码创意单元组成的产业集群，如工业设计、动漫、新媒体、网络游戏开发与制作。

2. 文化创意产业

文化创意产业具有十分丰富的内涵，在文化领域渗透经济发展所获得的反应即为文化产业，具有经济意义和文化内涵双重属性。以这种双重属性为基础，文化创意产业集中体现了经济与文化的有机融合，一方面，它是指有机结合文化创新和经济利益的创意；另一方面，是指有机结合经济创新和文化产品的创意。因此，作为经济创意和文化创意的结合体，文化创意产业既涵盖经济创意，又体现着文化创意。文化是文化创意产业的起源，文化创意产业在文化的基础之上进一步发展，在创造性开发和利用文化资源时，也集中体现了文化挖掘和拓展的经济社会发展渗透力和影响力。

文化创意产业主要包括文化、创意、产业三个有机部分，这三个有机部分之间同中存异、相互影响，构成了一个三位一体的整体，并赋予了文化创意产业丰富的内涵。基于此，可以定义文化创意产业为：以文化要素的创意和运用为基础，以紧密融合的智力和高科技之间的创作、生产方式为媒介，围绕文化内容核心或其他重要元素的中心来提供高附加值的服务及产品，并具有广阔市场前景和规模化生产能力的产业类型。

3. 内容产业

内容产业是指以知识性、信息化和创意性内容为主的行业，这些内容包括肖像、卡通形象、角色等。这些内容的创意以历史、艺术等文化元素为基础，涉及出版、漫画、音乐、游戏、电影、动画、广播、广告、肖像授权以及教育娱乐。内容产业重点偏向作为内容的信息及其发布系统，整合了内容和媒体，比如，各种媒介上的印刷品（报纸、书籍、杂志等），电子出版物（联机数据库、音像制品服务、网络出版物、电子游戏等），音像传播（电视、录像、广播和影院）及软件业等。

在文化产业语境中，与"内容"相对应的是"渠道"，故有"内容为王"还是"渠道为王"的争论。内容与渠道的取舍，反映了信息化基础上的内容产业的运营法则。在信息产业背景下，对内容传输渠道的强调，指出了文化产品和服务的传输都是通过音频、视频、网络和影映窗口等信息传播渠道和实体发行渠道来实现的现实。当然，随着新媒体，尤其是网络媒体和手机移动媒体的勃兴和媒介融合趋势的加强，新兴文化产业出现了这样的趋势：或通过"内容整合全媒体渠道"，形成全产业链优势，或内容和渠道被平台整合，凸显"平台为王"优势。

4. 传媒产业

传媒产业是指传播各类信息、知识的传媒实体部分所构成的产业群，它是生产、传播各种以文字、图形、语言、影像、声音、数码、符号等形式存在的信息产品以及提供各种增值服务的特殊产业。传媒产业强调文化生产模式中的复制和传播手段。传媒产业是一种注意力经济和影响力经济，强调信息服务，是一种政策性垄断、经济性垄断和资源性垄断的产业。

传媒产业分为传统媒体产业和新媒体产业。其中，传统媒体产业包括图书、报纸、杂志、电影、广播、电视；新媒体产业包括网络、手机、数字出版、动漫、游戏、电子报刊、手机报刊、数字电影、电视电影、网络广电、数字电视、手机电视、移动电视、楼宇电视、IPTV、电子商务、视频、社交、即时通信、无线增值、在线阅读、显示屏、数据库等。

5. 娱乐产业

娱乐产业是指提供以娱乐性和时尚性为消费特征的产品和服务的行业。娱乐产业包括文化娱乐、体育娱乐和休闲娱乐，形成娱乐经济。娱乐产业是一种体验经济，是为了满足消费者生理和心理的趋乐欲望和精神愉悦。娱乐产业受社会发展水平、经济收入状况、技术发展条件和人们休闲时间的影响，塑造了现代人的生活方式。随着娱乐产业与信息产业的融合发展，娱乐一体化和娱乐品牌化促使了信息娱乐业的趋势与商机。

6. 版权产业

版权产业是在法律属性和经济属性的双重语境下重视知识产权价值的一种提法，是以版权为基础的产业。版权产业强调生产经营具有版权属性的作品（产品），依靠版权法和相关法律强有力的保护而创造经济价值。版权产业涉及文学艺术作品、科学技术发明的创作、复制、发行和传播，涵盖信息、知识和创意的采集、存储和开发。版权产业是建立在知识和信息的生产、存储、使用、消费之上的产业形态，覆盖文学艺术、新闻出版、广播影视、文化娱乐、工艺美术、计算机软件、信息网络等多个领域。其实，版权产业更规范的说法是包括专利、版权、商标和设计权等在内的知识产权产业。"文化产业"相当于核心版权产业，版权产业的范畴也远远大于文化创意产业。

总之，任何一种文化周期都包括了文化创造、文化生产和文化传播等不同阶段。在文化作品到文化产品的过程中，创意本身以及创意的知识产权保护非常重要，因此，用"创意产业"和"版权产业"的概念来强调。当文化商品向市场推出时，分别强调传播渠道或内容创意，因此，用"传媒产业"或"内容产业"的概念来指称。在进入市场之后，强调产品与消费者的互动所形成的娱乐体验，因此，用"娱乐产业"的概念来强调。我们可以看出，这些概念在本质上没有实质性的差别，都强调了灵感、创意、知识产权，并带来经济潜能和就业，促进经济发展转型与产业结构调整。这些概念的核心范畴的覆盖范围是相同的，其核心要素都强调"资源、人才（创意）、资本、市场"。当然，基于这些概念的衍生范畴是有差异的。

文化产业的根本核心是创新、创意、创造，文化内容以及创意结果是中心价值，以知识产权的消费作为交易标志，同时文化产业还是为大众提供文化服务的行业集群。也就是说，文化是人类的精神财富，是空间的聚集和时间的累积。创意是人类文化定位的一个重要部分，强调"创造价值"和"知识产权"，可以是物质的商品或非物质的服务，可被不同形式表现。"文化产业"适用于那些以本质为无形的文化内涵为内容，经过创造、生产与商品化结合的产业。文化产业的生产内容特别地受到著作权保护，并且可以采用产品或者服务的形式来表现，可被视为"版权产业"。文化产业可被视为"创意产业"；以经济术语来说，是朝阳或者未来取向产业；或者以科技术语来说，称为"内容产业"或"传媒产业"。

二、文化产业的要素

市场、文化资源、人力资源、资本、文化科技、管理等都是文化产业发展的核心要素。有了文化需求和文化支付能力，才有文化产品的供给。供给这一方就是文化资源。文化科技服务于资本，而资本需要人力资源去寻找。管理就是把前述要素结构化。此外，这些要素在不同的文化产业行业、企业的实践运作中，会形成不同的结构，进而形成文化产业发展的基本模式。

（一）文化产业市场要素

文化产业的市场除了包括场所、行为之外，由于更强调需求导致供给的重要性，因此，市场主要表现为消费者对文化产品及相关产品、服务、理念等的有效需求，有支付力的需求的总和。文化产业的市场按文化产品购买者的购买目的和身份来划分，可分为文化产品的消费者市场、文化产品的生产商市场、文化产品的转卖者市场和政府市场；按文化企业的角色分为购买市场和销售市场；按照消费者消费的主要文化产品分为新闻出版发行市场、广播电视电影市场、文化艺术市场、文化创意和设计市场、文化休闲娱乐市场、工艺美术品市场等。

1.文化产业市场的特点

与文化产业的其他要素相比，市场要素是文化产业发展的前提。市场决定了文化产品是否生产、生产多少、何时生产与销售等，并整合其他要素为文化产业服务。与农业、制造业等的市场重视"推力"相比，文化产业的市场更重视"推拉"结合，且更重视"拉"，即主动关注文化市场消费主体的需求，由需求决定供给，决定创意。

文化产业的市场具有知识化、科技化、智能化、绿化、国际化等特点。由于文化产品、商品、服务以提供精神产品和服务的版权产业为核心，突出展示了文化特性，因此，市场的知识化特点较为突出；由于文化产业大量运用通信、网络、影视等方面的高科技，因此，市场的科技化、智能化、信息化特点较为突出；由于文化产业属于低消耗、无污染产业，因此，市场的绿化特点较为突出；由于文化产业是全球都在全力发展的产业形态，文化产品也在全球流通，因此，市场的国际化趋势极为突出。

2.文化产业市场的作用

市场导向、市场优先、供需关系优先是文化产业生存和发展的前提。市场在配置文化产业资源中发挥决定性作用。市场联结文化产业发展过程中产、供、销各方，能把资源转移到最能满足消费者需求的文化商品生产上，从而解决所要生产的文化商品的最优组合问题和生产资源在不同用途之间分配的问题，保证资源以最佳组合投入生产每一种文化产品。市场能够平衡文化产品、文化的相关产品、文化商品、文化服务的供求矛盾，以此实现文化商品生产者、经营者和消费者各自的经济利益。市场通过信息反馈，直接影响着文化产品的创新、生产和生产的多寡，影响着文化企业产品销售、上市时间等。

（二）文化科技要素

1.文化科技的特点

相较于文化产业的其他要素，文化科技是文化产业的重要推动力，具有复杂性、先进性、多样性、依赖性等特点。文化科技涉及云计算、大数据等复杂且先进的技术，其复杂性和先进性就比较突出；文化科技涉及文化艺术、新闻出版、广播影视、创意设计、网络与新媒体各个领域，文化内容的创作、生产、管理、传播与消费等环节，提高文化产品的创造力、表现力和传播力，保护开发共享文化资源、保护知识产权、监管文化安全、评价文化诚信等文化管理共性技术，其多样性和依赖性就比较突出。

2.文化科技的类型

文化科技指支撑文化创作生产传播的科学技术。常见的基础文化科技技术种类包括视觉技术、听觉技术、体感技术、文化数字化技术等。此外，按照文化科技应用的领域可分为音乐科技、美术科技、舞蹈科技、舞台科技、文物保护技术、工艺品技术、印刷技术、电影技术、广播电视技术、图书馆技术、博物馆技术等。

3. 文化科技的作用

文化科技的重要载体和第一驱动力就是文化创作与传播，其是提升行业竞争力的主要手段。科技创新能提升文化领域主要技术的研究、加速广播电视、新闻、艺术、出版等传统文化行业的结构升级，促进网络技术、数字科技、创意设计等新兴文化创意产业的萌芽与成长，加强了对文化资源的传承与保护、对文化行业管理、基础文化服务等与文化相关的公共事业服务的能力。在文化产品方面，文化科技能降低文化产品的成本，使文化产业具有明显的竞争优势；为文化产品和文化的相关产品的差异性提供更好的平台；能创新文化产品的流通方式，比如，不断更新印刷技术、广播、电影、电视、网络与新媒体、卫星通信技术等，使文化产品的流通在空间上更具立体性、时间上更具即时性、手段上更具现代化。

（三）文化资源要素

1. 文化资源的特点

与文化产业其他要素相比，文化资源是人们从事文化生活和生产经营所必需的基础。从文化资源价值角度来看，由于文化资源不可度量、需要挖掘，因此，其价值潜在性就很明显；由于部分文化产品、文化资源的价值随时代发展会增值和人们对文化资源价值有一个逐步认识的过程，因此，其价值滞后性就很明显；由于历史文化遗迹需要特定的自然背景做衬托、文化资源品需要综合其他要素，因此，其价值的整体性就很明显；由于不同地区对文化资源价值的判断不同，因此，其价值的地域性就很明显。

从文化资源的所有权来看，文化资源的占有主体越来越被淡化和模糊化，其共享性和非独占性就越明显。从文化资源的空间分布来看，文化资源的产生源自人类的文化创造，无论哪种形式的文化资源，其形式和积累过程都与人类活动密不可分，而人类活动的社会性和集聚效应使得文化资源具有集群的特征。从文化资源的可持续发展来看，无形的文化资源如文化传统、民俗风情、品牌资源等可以反复利用就具有非消耗性；而有形的文化资源，由于盲目开发能带来巨大的经济效益，因此，就会造成严重破坏和消耗，其消耗性就很明显。此外，作为精神的文化资源具有再生性，而作为物质的文化资源就具有不可再生性。

2. 文化资源的构成

文化资源的构成要素包括文化特色、保存状态、知名度、独特性、稀缺性及分布范围等品相要素，文化价值、时间价值、消费价值和历史文化资源的保护等价值要素，社会效用、经济效用等效用要素，资源规模、资源综合竞争力、资源成熟度、资源环境等传承能力和发展预期等。这些构成要素体现了文化资源的文化传承功能，满足文化消费需求的作用，是文化产业存在和发展的土壤和根基。其中，文化资源的发展预期关系到资源属地的经济发展水平、交通运输能力、生活服务能力和商务服务能力等。

此外，文化资源不仅能为全球文化产品赋予鲜明的思想、内容、形式及美学特色，还能使文化产品以特殊的文化魅力和市场竞争力，创造良好的社会效益和巨大的经济效益。

3. 文化资源的类型

文化资源是先辈留下的，反映人类劳动成果和思维活动的、物质的、精神的文化遗产，包括历史人物、文化古迹、建筑、工艺、语言、文字、戏曲、民俗等。文化资源从形态属性角度分为有形的物质文化资源和无形的精神文化资源；从时间维度分为历史文化资源和现代文化资源；从可持续发展角度分为可再生性文化资源和不可再生性文化资源。

（四）人力资源要素

1. 文化产业人力资源的特点

文化产业的人力资源和其他资源相比，突出表现为智力性、能动性、资本性、高增值性、再生性。由于文化产业人才要依靠大量的创意活动引发、控制、带动其他资源的活动，是唯一起创造作用的因素，是文化产业存在、发展、创新的动力，因此，文化产业的人力资源具有智力性、能动性；由于文化产业人才需要投入大量的时间和财富进行专业的教育或培训，在某段时间内又能源源不断地带来收益，因此，文化产业的人力资源具有资本性；由于劳动力市场的价格不断上升，文化产业人才的投资收益率也在不断上升，因此，文化产业的人力资源具有高增值性；由于人口的再生产和劳动力的再生产，人口总体内个体的不断更替和劳动力耗费—劳动力生产—劳动力再次耗费—劳动力再次生产，因此，文化产业人才就具有再生性。此外，文化产业的人力资源还具有两重性、时效性、社会性、消耗性等特点。

2. 人力资源的类型

人力资源曾被经济学家称为第一资源，通常指一定时期内组织中的人所拥有的能够被企业利用且对价值创造起贡献作用的教育、能力、技能、经验、体力等的总称。文化产业与其他产业有区别，文化产业的人力资源按照文化产品是以文化为内涵、创意为核心的产品，分为创意人才、创作人才、策划人才、制作人才、传播人才；按照文化产业的经营是以熟悉文化产品的生产和销售为基础，掌握文化资本的运作为前提，分为生产人才、销售人才、文化金融人才；按照文化产业的管理以熟悉文化产业规律为根本，掌握文化产业政策与法律为重心，分为文化产业专业人才、文化产业政策人才和法律人才。

3. 文化产业人力资源的作用体现

人力资源是文化产业发展的根本动力。人力资源的文化思想、知识技能、创造能力以及对外界的感悟能力使文化产业成为以创意为核心的、智力密集性和技术整合性产业。

文化产业的人力资源通过挖掘创意和开发文化资源，使文化资源变成文化资本；文化产业的人力资源能不断找到资本，运用巧妙的创意和有效的经营建立起不同国家、地域文化资源的符号体系，形成文化品牌优势，带动开发后续产品，形成"上下联动、左右衔接、一次投入、多次产出"的产业链条，增强文化产业的核心竞争力，实现文化产业的可持续发展，创造巨大的经济效益。

此外，文化产业的人力资源还能通过不断提升自己的管理能力，重视知识产权的作用，推进文化产业朝规范化发展。

（五）文化产业资本要素

资本表现为三种基本形态：经济资本与社会资本。其中，经济资本是由生产活动的不同因素所建构的，例如，土地、工厂、劳动、资金、经济财产、各种收入及各种经济利益组成。经济资本可以立即或直接地转换成金钱。文化产业的资本采用狭义的概念，即资金。

1. 文化产业资本的特点

文化产业资本与其他要素相比，贯穿于文化产业发展的各个环节，其突出特点就在于流动性、增值性、倾向性。资本总会不断地从文化产品和文化的相关产品流通领域进入文化产品和文化的相关产品的生产领域，再从文化产品和文化的相关产品的生产领域进入文化产品和文化的相关产品的流通领域，如此不断循环往复，完成文化产业的资源配置，实现资本的增值和利润最大化。

此外，资本对技术的依赖性逐渐增强，更倾向于流向有创新性、文化含量高且具有核心竞争力的新兴行业。

2. 文化产业资本的作用

优化配置和合理使用资本能够实现文化产业价值最大化。有足够的资本才能调动文化资源、人力资源、文化科技等要素促进文化产业合理发展。文化产业的资本能够提高人力资源的水平，尤其是创意能力和创富能力；能够促进文化产品和文化的相关产品的生产技术创新、产品创新、流通渠道与技术创新。资本的对接能够实现文化创意的广泛投融资，促进文化产业快速发展。

此外，在科技的推动下，文化资本已成为创造文化产品价值的实际推动力。

（六）文化产业管理要素

1. 文化产业管理的特点

文化产业管理还具有综合性、融合性、变革性等特点。国家对文化产业的管理要综合考量文化产业在全球、在中国、在地区的不同发展情况与经验，在新闻出版发行、广播电视电影、文化艺术、文化信息传输、文化创意和设计、文化休闲娱乐、工艺美术品的文化产品的生产领域和文化产品生产的辅助生产、文化用品的生产、文化专用设备的生产的文化相关产品的生产领域的比重和整体发展状况，综合性就比较明显；管理要融合政策、法律、技术、金融等领域的知识，融合性就很突出。

另外，文化产业的管理总是要随着先进思想、先进技术、先进产品的变化而采取新的管理思想、管理技术、管理措施，变革性也就较为突出。

2. 文化产业管理的类型

管理是指通过计划、组织、领导、控制及创新等手段，结合人力、物力、财力、信息、环境、时间这六要素，以高效地达到组织目标的过程。文化产业的管理可以分为国家对整个文化产业的管理、文化产业作为一种业态的自我管理、文化产业不同行业的管理和文化产业企业内部的管理。按照文化产业的管理内容分为文化资源管理、文化信息管理、文化产品管理、文化服务管理、文化品牌管理、文化产业投融资管理、知识产权管理、人力资源管理等。

3. 文化产业管理的作用

管理是文化产业这辆车行驶的导航，指导文化产业这辆车沿着正确的方向行驶。良好的管理机制是文化产业健康发展的重要保障。文化产业的管理能够为文化产业制订详细而周密的发展计划，建立一个总体发展的战略目标，整合并协调各项活动；能够根据文化产业发展的要求组织人力资源、文化科技、资本、政策等要素并制定适应文化产业发展规律的制度规范、约束违规操作等行为；能够控制文化产业的实践运作符合原定计划、考核发展成效；能够指导文化产业利用全球文化产业发展带来的新机遇，应对新问题的挑战；能够解决政府与企业、企业与企业、企业与群众等之间的冲突；能够组织、指挥、协调文化产品的生产、销售、品牌塑造等工作。

三、文化产业的价值与定位

在信息化迅速发展的今天，明确文化产业的价值与定位，是发展传统文化与文化产业融合的基本条件。

（一）文化产业的价值体现

1. 文化产业的创新价值

创新就是求新或求异，是对传统、惯习和常规的反叛。新颖性与原创性是文化产业发展的法宝。创新理论提出的"五种创新"，即新的产品、新的生产方法、开辟新的市场、采用新的原料、实现新的组织。科技创新，即"功能性"创新，主要是对产品的技术、功能进行革新。"软创新"则侧重于对产品文化审美、感官知觉以及产品认知方面的创新。是改变产品象征价值的创新制。目前倡导的文化产业的创新就是在产品的工艺流程中更关注软创新，跨越"功能性"创新，将"软""硬"创新有效结合，成为"巧创新"。"巧创新"包括产品审美价值的创新以及产品功能差异的创新两方面。在这当中，产品审美价值的革新有效地促进了文化产业化繁荣，并且形成了规模化文化产业效益；产品功能差异的革新在技术变革以及突破原有价值的基础之上开展的创新活动,既有垂直差异化,又有水平差异化,同时在审美、认知以及功能性上均有进步。"巧创新"促进了产业间的融合,淡化了产业边界。

2. 文化产业的象征价值

文化产业是以文化为符号进行商品化生产,而文化产业管理是挖掘适合产业化开发的文化资源,运用人的创意和产业开发手段,生产出文化产品,以实现经济效益和社会效益。象征价值与文艺符号、文艺意义息息相关,是人民大众自我表达、求得社会认同和实现精神感召的无形价值。象征价值有三种形式:①膜拜价值,作品本身具有的"光晕"效应,观赏者亲临原真艺术品所带来的敬畏感;②展示价值,随着复制技术的介入,艺术品向大众传播的展示价值逐渐显现;③体验价值,体验价值是经由文化产品的娱乐性、互动性和时尚性带来的"交感体验"。

象征价值的体验价值又分为三个层次:感官体验,即文化消费已经跨越了视觉和听觉,发展到了嗅觉、味觉和触觉一体化的立体感官体验,要充分调动眼、耳、鼻、舌、身等多重器官互动参与,这是一种"直接体验";情感体验,即文化消费通过故事驱动,通过个人情绪上的喜、怒、悲、恐、爱、憎等,达成个体"倾向于社会需求欲望上的态度体验",这是一种"间接体验";精神体验,即文化消费产生的一种价值感召、信仰诉求和认同建构的高峰体验,这是一种"内省体验"。体验价值是一种审美价值。文化产品的功能价值就是使用价值,而其他产品如果要提高产品的竞争力,也需要在功能价值基础上增加象征价值。

3. 文化产业的知识产权价值

随现代产业中文化经济和符号经济双重转向的发展趋势,知识产权在人们的经济生活和产业发展中日趋重要。"在知识经济时代,知识产权正在成为企业重要的收入来源"。[①]

知识产权是文化产业主要资产的表现形式,是文化生产的核心要素之一。知识产权是一个种类繁多、标的庞杂的现代资产范畴,包括商标、专利、版权、设计权等诸多品类。文化产业在美国被称为"版权产业",创意产业在英国被规划为振兴经济的朝阳产业,源于人的技能、知识和创意,以知识产权等无形资产为存在样式,最终实现商业价值的产业形态。

文化资源转变为文化产业,其间的关键环节就是对文化创意和设计服务实现知识产权化表达。被知识产权化的文化资源才能以合法化的商业形态行走在经济大道上,从而开始其全产业链经营的产业征途,创造难以估算的经济价值和社会价值。文化产业知识产权价

---

① 陈劲,斯亚奇,谢芳.企业知识产权价值实现的动态选择 [J].科学学与科学技术管理,2011,32(11):42.

值实现包括确权、估权和易权三个阶段。其中，确权即文化资源的知识产权化阶段；估权即文化产业知识产权价值评估阶段；易权即文化产业知识产权价值交易阶段。文化产品的知识产权再开发的价值越高，它的价值效益也就越高。因此，文化产业的发展路径就是以知识产权为中心，实现资源资产化、资产资本化、资本产权化、产权金融化。那么，从企业自身发展来看，应加强版权等文化无形资产规范管理和精细化运营；从市场环境来看，应夯实版权等文化无形资产登记、质押、评估等一系列文化无形资产基础产权服务体系，构建文化资产创新产权流转市场。

4. 文化产业的全产业链价值

文化产业注重文化经济的生态营造，采取生态化经营策略，发展第六产业。文化创意的价值在于作为承载基础的行业。文化创意渗透到不同的行业，就创造出不同的行业价值。全产业链是由纵向价值链、横向产业链和斜向网络链等三条价值链整合形成的协同价值链。全产业链以消费者的文化需求为导向，以文化价值为整合要素，采取横向整合、纵向整合和斜向整合。

文化产业与传统产业相比，它的产业链不同。比如说电影，它的产业链是从剧本的创作、拍摄过程、剪辑、发行到最后的销售，与此同时，它的相关产品还可以在另外的文化类目下进行开发、销售，就像很多的唱片就是电影里的原声音乐，电影的剧本还可以改编成电视剧、话剧，电影里面的特色道具可以设计成特色的周边产品，甚至可以建设主题公园。

从文化产业的外部角度来分析，文化产业模糊了传统产业的边界，使得产业间相互交融。比如创意农业，是把特色农业和文化产业的特点进行融合，设计创意农产品、建造休闲农家乐、进行景观建造等。故此，文化创意及设计服务业是文化产业的核心部分，有效地促进文化软件、建筑设计、广告等服务产业与建筑行业、信息行业、旅游行业、制造业、农林业及体育发展项目等重点行业的结合发展。从这个角度出发，文化产业服务于地方产业，它往往与传统相结合，把地方文化方面的资源和传统文化的价值进行整合提升，以文化产业的方式参与社区建造、统筹区域资源、建设文化生态环境，为文化产业的进一步发展提供可能。

文化产业与其他产业的差异，最主要的就是精神消费，生产出的产品是精神产品。其实，任何产品都包括了物质价值（功能价值）和符号价值（象征价值）。比如椅子，首先满足坐的功能，其"坐"的物质价值就是直接的。随着时间和空间的改变，这把椅子不断增加象征价值，具有收藏意义。再比如许多功能、材料和工艺都一样的手包，但 LV 包和其他没有品牌的包的价值差别很大，这个价值差别就是象征价值的差别。文化产业通过创意让文化满足人的精神消费，这是人在满足物质需要之后的高级需要，使文化成为一种生产力。从这个意义上，文化产业通过创造象征价值，从而提升产品的附加价值。传统农业、传统工业都要通过"文化创意"来增加产品附加价值，提升产业内涵。

（二）文化产业发展的定位

1. 文化产业是新兴产业

新兴产业重点在于新，这些部门和行业是随着科技的发展而出现、兴起的，主要依赖的是新的科研成果、新技术的发明和应用。

（1）文化产业的新兴性特点。文化产业随着经济全球化的发展一跃成为 21 世纪发展最快的朝阳产业，文化产业与信息产业成为新的经济增长点，成为新世纪的支柱产业。

①融合性。知识文化与经济融合成为一个产业形态。文化改变了原有的符号意义，不再单纯地作为知识的象征，仅获得民众尊重。文化与市场经济相融合，产生了新兴的文化产业，例如，书画、古玩、音像等实体商品的文化市场，或者像拍卖行、策划公司、文化传播公司等文化作品的知识文化市场。这些文化产业赋予文化与知识更多的价值。

②支撑性。经济发展需要知识文化的支撑；文化产业融入经济之后，给经济发展以很大的支撑。如日本的动漫业，就支撑起了日本经济的半壁江山。

③精神性。满足的是民众日益增加的知识文化等精神需求。文化产品并不一定是实体产品，更具有精神性。例如，旅游景点作为文化产品，当游客消费时，消费的不是旅游景点本身，而是旅游景点的景色风光和文化体验感受；而电视节目作为文化产品，观众消费时，有线电视的发行权、复制权并不是产品，电视剧的剧情这一虚拟产品才作为观众的消费品，故而一些专家提出了文化产业符号消费的理论。

④发展性。文化产业有很强的发展性，市场空间和潜力都很大。而且文化产业同时具备创造价值财富和促进就业的功能。

⑤创造性。文化产业具有特殊性，策划、创意特别重要。其他的与常规企业相同，以文化企业为生产单位，生产链条包括经营、生产、运作、营销、服务环节。

（2）文化产业作为新兴产业的意义。

①文化产业使文化经济化。它改变了文化塑造人的功能；强调它的经济功能。文化有了需求、购买和市场后，很多的文化事业单位进行了改革，走上了适应市场经济的企业化、公司化、集团化。

②文化产业使文化商品化。文化产业给文化的常态赋予了价值和价格，使其成为文化产品。

③文化产业使文化大众化。文化成为商品的时候必须符合大众的审美，走大众化的道路，才会吸引大众，产生更多的消费，达到最大的市场效益。比如文化景点、旅游景点。人类祖先创造的文化以及长时间历史中形成的精神经过嫁接、移植、仿造、创造形成文化的产品，文化产品满足消费需求，提供给大众更简捷的消费形式。

④文化产业使文化娱乐化。文化不再局限在意识形态的领域，而是成为市场生产消费的产品，文化不再高高在上，被束之高阁，而是被放大了娱乐消遣的功能。

2. 文化产业是支柱产业

支柱产业是在国民经济中推动引导整个经济发展的企业，具有先导性，整体的发展速度比较快。

文化产业作为支柱产业的主要贡献与拉动作用包括：①文化产业可以提供创意策划，提升工业和农业产品的附加价值；②文化产业可以成为城市的文化名片，提升城市的旅游、生态等多方面价值；③文化产业可以推动农村经济发展，成为特色经济、乡村经济、绿色经济发展的引导产业，增加农民的收入；④文化产业具有地域特色，以文化产业为主导，打造具有地域特色的文化产业群和集聚群。

3. 文化产业是主导产业

主导产业是指在区域经济中起到主导作用，推动经济发展的产业。主要表现为：产值比重大、技术先进、增长率高、产业关联强，能够带动其他产业发展，能够促进整个区域经济的发展。

产业关联度是判断是否主导产业的重要准则，产业关联度强，就是指能够影响多个产业，对其他产业产生带动和推动作用。一般来说产业关联包括后向关联、前向关联和旁侧关联。主导产业是政府的有限扶持产业。

主导产业的产业优势辐射大，能够将辐射传递到其他产业关联链上，可以推动整体的产业结构进行优化，促进区域整体经济的发展。主导产业也是区域优势度相对比较高的产业，具体表现如下：

（1）文化产业是潜在的主导产业。潜在主导产业现阶段处于幼小或形成状态，但是在未来阶段能够与经济发展趋势相适应，在未来具有高创新的可能，能够快速技术创新，并且能够推动这一阶段的技术进步和产业升级，或对其发展升级起到关键作用。展现的特征为：成长性高、带动性强、扩张性强。

（2）文化产业具有产业的带头作用。文化产业带动了其他产业的发展，促进人们财富观念的改变，原来的金、银为基础的物质财富的含金量在逐渐降低，而知识经济、知识产权、信息产业形成的文化财富的含金量在不断提高，人们对精神方面的重视不断超过物质。这推动了观念不断更新，从而推动经济发展更加迅速。

（3）文化产业看好不久的将来。文化显示出强渗透性，文化与经济相融合，优化结构、扩大消费、增加就业、促进跨越，可持续发展的优势表现得明显。能够优化经济发展方式，促进经济的增长。同时文化产业融合其他产业，包括旅游、休闲、电信、交通、制造等产业，成为国民经济新的增长点，并带动其他现代服务业的发展。

（4）文化产业生产率高。意味着文化产业投入减少、成本降低、收益增加的速度加快。

4. 文化产业属于服务业

服务业是生产、销售、提供服务商品的部门和企业的集合。在现代经济中，服务业是一个重要的产业，是国民经济的重要支柱，和工业、农业并重。与其他产业的产品相比，服务产品一般具有以下特征：非实物性、不可储存性、生产消费同时性。看电影，欣赏的是内容，而不是购买的胶片、放映机；看演出门票钱买的是演出的即时状态，不是买的演员；买书享受的是内容和知识，不是买断了版权，不能随便使用书本里面的内容，否则视为抄袭。

文化产业作为服务业的作用体现在以下方面：

（1）有利于经济结构战略性调整。文化产业是现代产业经济转型的重要助力，能够推动经济结构进行调整，对经济发展的意义重大。文化产业结构调整的主要任务有以下方面：

①培育现代文化市场。现代文化市场体系包括文化产品、文化服务等，是多种文化要素参与，相互联系、相互作用而形成的文化市场的整体。培育现代文化市场体系主要要做好四方面工作：第一，加强文化产品和要素市场建设；第二，建立健全现代流通体制；第三，做强做优市场中介和行业；第四，针对文化市场要加强监管。

②鼓励文化企业走出去。所谓"走出去"就是做优文化产业，使中华文化在世界范围内传播，并获得认同。这样就需要我国不断提升文化实力，增强我国文化在国际的竞争力，需要不断提升我国的综合国力。主要手段包括：第一，在海外扶持重点文化企业，为文化企业打开国际市场提供助力；第二，鼓励文化企业扩大文化产品、文化服务的出口规模；第三，鼓励文化企业在国外进行投资、经营；第四，树立文化贸易品牌；第五，加强文化产业的营销能力；第六，加强文化产业与现代高新技术的结合；第七，积极发展文化产业新形态。

（2）区域经济的重要支撑。

①文化产业的发展能够带动区域经济的发展，尤其是文化产业的重点项目、园区、基地等。比如，围绕红色文化，设立红色旅游产业园，带动了革命根据地的经济发展。

②文化产业越来越能够支撑整体经济的发展。在转变经济发展方式的过程中，文化产业越来越发挥出独特的优势：能够优化结构、扩大消费、增加就业、促进跨越，可持续发展。

③文化产业可以带动一批文化产业集群，例如，仅文化传播一项，就包括了大规模的产业集群：广播电视、平面媒体、印刷复制、数字出版等。文化产业还在不断地发展，推出新业态：例如，动漫、网络游戏、自主研发制造电子游艺游戏设备等。

（3）可满足民众日益增长的文化消费需求。根据需求理论，人的一项基本需求就是精神文化需求，这是人类发展历史的规律，是人对文明的认可和需要。所谓的精神文化需求就是人们需要学习、娱乐、受教育、旅游等，而精神文化消费需求，就是人们愿意为这些精神文化需求而支出。精神文化需求是每个人都需要的，也是每天都需要的，需求也是不断发展的，不会停止。所以，认识经济发展与文化需求的关系，以及文化需求发展的规律就是必要的。随着时代的发展，人们的文化需求也在不断地发展变化，由传统的需求书报、音像、影视、艺术产品，发展到信息时代的新需求，即娱乐服务、旅游服务、信息与网络服务等，甚至在物质上的衣食住行也体现了文化需求，最常见的就是人们对品牌文化、时尚、流行的关注。

第二节 传统文化与文化产业融合发展路径与实践

文化产业作为优秀传统文化的衍生物，两者之间存在密切的关系，发展传统文化产业能够有效促进对我国优秀传统文化的继承和弘扬。人们应该通过文化产业与传统文化的相互融合，有效拉近当代年轻人与传统文化的距离，使人们更加深刻地了解传统文化，有利于传统文化的传承与发展。与此同时，传统文化的发展也能够促进文化产业不断进步，在传统文化受到大众普遍关注的同时，大众会对传统文化产生好奇和思考，这必然会带动文化产业的兴起，促进相关衍生产品的出现。因此，传统文化与文化产业之间的关系是相辅相成、互相影响、协同并进的。

一、传统文化与文化产业融合发展的特点

（一）传统文化应作为融合发展的核心

在传统文化与文化产业融合发展的过程中，虽然文化产业是一个相对较宽泛、易受到重视的一方，但传统文化不仅是文化产业发展的一个纽带。在两者的融合发展中，要以传统文化为核心，围绕传统文化的宣传工作进行相互间的融合发展。

文化产业应作为融合的载体，将传统文化的弘扬传承等相关工作作为核心要义，处于主导地位。文化产业的发展借助传统文化的融合而更加丰富，发展的渠道更广阔。同时传统文化借助文化产业这一载体，能够更加有效地传播自身内涵，不断传承和发扬深厚的优秀历史底蕴，从而提高在人民群众中的影响力。

（二）传统文化与文化产业融合发展的本质是传承与创新

文化产业发展，基础在于传承，关键在于创新。从传统文化的视角来看，传统文化与文化产业的融合就是一个传承的问题。我国优秀的传统文化在数千年的历史长河中逐步被人们淡忘，但一个国家的发展和未来离不开自身积淀的历史底蕴。传统文化的本源越深，文化产业发展的内在要义就越深厚，融合创新的平台就更加宽广，由此产生的融合效应也就更加突出。

从产业发展的视角来看，传统文化和文化产业的融合发展也是一个创新的过程。这会形成一种新的传统文化产业，通过渗透、延伸、交融等方式，最终实现产业融合，形成新产品、新业态。在二者的融合过程中，会出现一系列相关联的创新方式，例如，制度创新、内容创新、传播手段创新、模式创新等，形成传统文化和文化产业协同发展的合力，最终实现传统文化和文化产业的融合发展。因此，其相互融合的本质就是传承与创新。

二、传统文化与文化产业融合发展的路径

（一）创新传统文化与文化产业融合平台

文化产业的发展应当在文化传承中转化产业模式，发展优秀的传统文化。文化产业的创新离不开我国传统文化自身源远流长的精神内涵，我们要充分挖掘优秀传统文化的现实价值以及意义，构建起我国优秀传统文化的传承体系。文化的内涵在不同时期的呈现方式存在差异，要逐步形成良好的、科学的文化产品开发机制，充分发挥我国优秀传统文化的资源优势，巩固传承传统文化在融合发展中的核心地位。

在创新融合平台层面，如今大多数年轻人的思想较为前卫，想使这类群体接受传统文化，就要在传承的基础上发展传统文化，使其适应当今的社会潮流，只有保证我国优秀传统文化仍然能够发挥其价值与意义，才能将文化资源转化成文化产业，最终创造经济效益。在依托融合平台的基础上，进行中西方文化交流与合作，这样能够借鉴吸收不同种类的文化资源，从而拓展传统文化和文化产业的融合路径。

（二）树立文化自信

随着如今社会变得愈加开放以及科学技术的不断进步，特别是信息技术的发展使得世界上国家之间的距离越来越近，各国不同文化相互交融。因此，带动文化产业不断发展有利于进一步推动民众对传统文化的认知和思考，树立文化自信。优秀传统文化力量之强大，通过影视作品能够对大众产生极大的冲击。当那些摒弃传统文化的人在西方文化中发现我国优秀传统文化时，必然会对他们造成一定的冲击力，促使他们了解以及认同优秀传统文化，认识到优秀传统文化的内在要义，树立强大的文化自信，理解优秀传统文化的核心内涵，有效开展传统文化的传承工作，促进传统文化和文化产业的融合发展。

（三）加大传统文化与文化产业宣传力度

宣传工作对一个企业的发展和未来是至关重要的。因此，可以从宣传层面入手，推动传统文化与文化产业的融合发展。在两者融合的过程中，如果没有做好宣传工作，许多拥有地域特征的传统文化往往难以被其他地区环境的人们熟知，而有些传统文化虽然是人们熟知的，但多数人只了解其表象，对优秀传统文化的内涵要义并不熟知，造成这种现象的原因包括我国传统文化系统的庞杂性。例如，在我国各朝各代均有独特的陶瓷产品，如最为著名的唐三彩，但大多数人只了解这一产品的名字，而对其背后具有的丰富内涵不是很

了解，有时一些瓷器收藏者想入手喜爱的物品，最终到手的却是赝品。

在这种情况下，就应当加大对传统文化产品的宣传力度，通过有效的宣传手段使人们了解相关的文化产业，通过人们对文化产业的认知能力，从而推动传统文化和文化产业的融合发展。在加大宣传力度的同时，还要提高相应的产业制作技术水平，文化产业的技术水平可以说决定其文化产品的质量，也决定传统文化和文化产业的融合发展。

当今科学技术的发展，短视频、H5、VR等新兴媒介技术的出现，能够有效提高相关产品的制作水平。电视节目通过专业团队精良的策划和极高的制作水准，打造出了具有特色的美食文化内涵，讲述我国不同地区所拥有的各类美食，并将我国众多地区差异化、多样化的美食文化呈现给观众，为大众带来了一场视觉以及味觉上的荧屏盛宴。这些纪录片一经推出就受到了广大观众的一致好评，点击量逐日增多，由此带来了丰厚的经济效益。

（四）拓展传统文化与文化产业融合

随着当今社会的不断发展、市场经济的不断变迁，原有的文化体制大多已不再适应社会发展的需要。因此，在传统文化和文化产业融合的过程中，需要进行文化体制改革，以解放和发展文化生产力。与此同时，相关文化产业的发展也能够促进我国优秀传统文化的发展。改革方式应当结合时代特征，遵循当今社会的发展规律，形成一系列的文化体制；着眼于人民的基础生活需求，不断创新，制定相关的文化制度，使相关部门有效运作起来，推动我国传统文化和文化产业的融合发展；在改革的过程中，应把握好相关传统文化的质量，取其精华，去其糟粕，能够与文化产业相融合的必然是优秀的、有内在核心价值的、富有正能量的传统文化。由此深化文化体制改革，能够在当今社会中引起一定的反响，使广大民众在接触文化产业的同时，潜移默化地接受我国优秀传统文化的熏陶，从而促进对传统文化的传承和发展。

三、传统文化与文化产业融合发展的实践

（一）传统文化创意产业创新发展

1. 传统文化创意产业集群

传统文化创意产业集群可以简单概括为在一定区域内的、相互联系的企业，通过交流、合作形成的文化创意产业企业群。

传统文化创意产业集群的动力机制。传统文化创意产业集群的动力是指有利于集群形成并不断发展的一切因素，如经济效益、交易成本等，为便于理解，此处将从外生动力机制和内生动力机制两个维度展开。

①传统文化创意产业集群的内生机制。内生机制源自集群内部，它是吸引其他企业进入集群的内在动力，能将企业由内而外地黏合、聚集。由于文化创意产业具有高技术含量这一特点，因而其内生机制产生的直接原因是密集的知识和技术需要扩散、共享。具体来

说，传统文化创意产业集群内生机制可以从学习效应、竞争与创新机制两方面阐述。

第一，学习效应。文化创意产业是知识密集型产业，而产业集群是知识产生、传播的主要渠道，随着知识的产生与传播，产业集群能得到进一步发展；而产业集群进一步发展又有助于加快知识传播的速度、扩大传播范围。

产业集群能将相关产业集聚在一定范围，为集群创意企业间的交流提供便利，地理位置接近就意味着各企业能开展长期的学习交流活动，在频繁交流中促进新思维、新构思形成。同时，产业集群意味着集群内各企业的利益是相互联系的，因而企业间有一定的互信基础，能有效促进企业间进行技术创新合作，并在合作中形成互补，降低产品开发和技术创新的成本，实现共赢。

第二，竞争与创新机制。产业集群不只意味着合作，地理位置还会给企业带来危机感，促进企业间的竞争。处于同一区域，企业更容易了解行业动态，对其他企业的发展状况也能做到心中有数，这也意味着企业对竞争压力的感知更为直接，加之集群的形成降低了经营成本、缩短了竞争过程、缓解了行业信息的不对称，良好的环境会催生更多竞争者，企业想脱颖而出就需要不断改进产品、服务，降低成本、提高技术含量，以此创造竞争优势。

良性竞争能促进企业创新，产生一定的激励作用。在传统文化创意产业集群中，许多创意人才会聚在一起，他们彼此间能产生较强的名誉激励、榜样激励效果。这是因为处于同一区域的人会相互比较，见证他人的成功时也希望自己能通过努力获得成功，进而产生了激励效果。这种竞争推动着集群内的企业不断发展，提升了整个产业集群的市场竞争力。

②传统文化创意产业集群的外生机制。传统文化创意产业集群的形成离不开外生机制的作用，外生机制大多源于区域经济的基本规律，它能推动一个地区的企业在特定空间内聚集，是传统文化创意产业集群形成的重要动力。

第一，外部经济效应。外部经济是指外部规模经济和外部范围经济。对文化创意产业而言，外部服务具有成本低、易获得等优势，有了外部经济支撑，文化创意产业可以集中精力致力于专业化发展。一方面，传统文化创意产业集群可以共享当地相关的辅助性工业提供的服务、共享当地的基础设施和人力资源，达到节约成本的目的；另一方面，由于集群内的企业都分布在同一区域，可以较快地建立起合作机制，并迅速形成区域内统一的内部约束机制，降低机会主义行为等带来的负面影响。总之，外部规模经济和外部范围经济为传统文化创意产业集群提供了得天独厚的成本优势，有助于提升集群的市场竞争力。

第二，交易成本的节约。交易成本的节约包括节约投资成本、降低转换成本、降低交易伙伴间信息不对称的程度。

节约投资成本：文化创意产业的成本占比最大的是人力资源成本，文化创意产业需要的是创意人才，创意人才的培养尚未形成规模，因此，人才引进的成本较高，而集群能有效地吸引并聚集人才，形成一定的人才规模，增加创意人才的供给，这在一定程度上有助于降低企业的人力资源投资成本。此外，集群能给企业提供公用的公共性基础设施，如物业，企业所需的固定资产投资也有所降低，进一步节约其投资成本。

降低转换成本：传统文化创意产业集群能降低企业或个人的转换成本，这是由于集群内会形成较为完整、相对聚集的交易渠道和交易网络，企业或个人可以快速建立转换交易关系，完成转换。例如，在艺术创意集聚区集聚着大量的艺术经纪人，艺术创意者可以方便地在他们之中进行交易关系的转换，转换的成本比在集聚区外低。

降低交易伙伴间信息不对称的程度：产业集群汇聚了文化创意产业的供应方、生产方和销售方，这就意味着集群将供应市场和销售市场都聚集到同一区域，这就为区域内的各个企业提供了相对集中的信息交流场所，不论是原料供应的企业还是着眼销售的企业，都能迅速了解市场信息、把握市场动向，从而降低交易伙伴间信息不对称的程度。同时，产业集群还有助于创造信息交流、共享的平台，能为交易伙伴之间信息流通和信息交换奠定基础。一般来说，集群内不仅有正式的信息发布渠道，如创意产品展示馆，还有其他非正式社交机会，如集群外社会资本带来的信息，这种信息往往通过双方口头交流获取，这也在一定程度上降低了集群内企业和集群外交易伙伴的信息不对称程度。

传统文化创意产业集群具有发展环境良好、企业运营成本低、发展前景较好等优势，近年来，它吸引着越来越多的相关企业入驻。随着产业集群不断发展，集群中的创意产业和文创产品也远销海内外，深受消费者喜爱，并逐步形成了区位品牌效应，如提到香水就会想到法国香水、谈到手表也必然绕不开瑞士手表等，这都是区域品牌效应。对单个企业而言，要想形成影响力和影响范围如此大的品牌效应，就需要投入大量的资金、人力与物力，而这对单个企业而言显然是极为困难的。对集群来说，由于其整合了区域内的一切资源，通过资源的分配和优化，再利用群体效应就能形成区位品牌，使该集群内的所有企业都能共享品牌，扩大市场影响力的同时还能获得更多的经济效益。

区位品牌效应的优势在于它更形象、直接，影响范围更大、影响时间更长，相较于单个企业的品牌效应，区位品牌效应辐射的对象更多，包含的内涵也更丰富。因此，打造区位品牌应该是我国当前文化创意产业发展的主要目标。首先，将区域内的各种可用资源整合起来，如创意资源、人才资源、文化资源、技术资源，乃至政策优惠，整合的目的是让分散的资源有序聚集，进而形成一股合力，为随后的生产分工奠定基础；其次，资源整合完成后，还需要对经营方式进行优化和扩充，实现多元化经营。实施这一步的前提是该区域的品牌已基本成形，具有一定知名度和影响力，这时就可以将品牌价值延伸至其他产业，广泛采取连锁经营、特许经营、资本运作等方式实现产业的多元化发展。多元化的经营模式形成后，还能反哺品牌，提升品牌内涵与价值，形成"资源—品牌—产业"的良性循环，进而打造出一条强壮的文化创意产业链条。

2.传统文化创意产业的可持续发展

作为创意经济主导的传统文化创意产业，其本身也集聚并散发着可持续发展的特征与属性。传统文化创意产业充满了文化和创新元素。作为知识性产业，传统文化创意产业中的人文观念、文化知识等文化元素作为生产力要素投入产业生产，这些生产力要素取之不尽、用之不竭，体现着以人为本的人文价值，与自然资源、经济资本等相融合，构成了传统文化创意产业持续发展的动力。另外，产业的创新元素在文化"经济化"与经济"文化化"中，不断得到提炼，最终形成持续的创新能力，成为产业的核心竞争力，推动产业的持续发展。可以说，传统文化创意产业所固有的文化性与创新性是其得以不断持续发展、成为新世纪"朝阳产业"的重要基础。促进传统文化创意产业的持续发展，就需要从这两方面加大力度进行挖掘。

（1）发展传统文化创意产业是城市实现可持续发展的必然性

①可以减少对自然资源的依赖。传统文化创意产业的特征，决定了它的发展不以依赖自然资源投入为切入点，虽然其发展客观上离不开物质资源的支持。作为以创新和创造力为核心的产业，传统文化创意产业的发展立足于具有创造性的文化创意活动，立足于创造力、知识、技能等可再生文化创意资源的投入，摆脱了长期以来传统产业对自然资源的依赖症，实现了资源供给的永续利用。当前信息化、数字化的快速发展甚至只需要一台与互联网连接的电脑，就能实现文化创意的产业化，这极大节省了对诸多资源的使用，降低了产业发展对自然资源的依赖，进而也保护了资源环境。

②可以实现空间资源的有效配置。城市化发展的过程其实就是城市空间不断向外扩散、工业化不断深化的进程。文化创意组织在地理空间上的集中，也有助于实现文化创意企业、高校、科研机构等组织之间互动所形成的城市创新体系，通过共享资源、技术、服务平台等，既节约了运营成本，又促进了创新能力的培育。客观上，这种集中还避免了企业在空间上的重复建设，使得城市空间资源得到最有效的配置。

③可以推动城市功能转型。城市要实现可持续发展，在功能定位上必须有所改变，也就是说它必须由原来主要的生产功能向服务功能转变。而这一转变的有效渠道之一即发展传统文化创意产业。

第一，传统文化创意产业的发展大大加强了城市经济的服务功能，由于在资源投入上的可再生性，在产业运作上的高回报性，传统文化创意产业逐渐取代了城市中那些资源高耗性、污染环境的产业，以提供研发设计、娱乐休闲等文化创意服务的方式深化了城市经济原有的功能属性。

第二，传统文化创意产业有助于促进现代服务业发展，推动城市经济产业结构的优化升级，实现城市经济的协调发展。在人口城市化逐渐加快的进程中，人们对城市居住环境的要求也越来越高，除了需要净化的环境外，还需要有美化的感受。传统文化创意产业的发展就能满足这些需要，它通过文化创意资源的开发，按照人们心理美化的要求将城市环境塑造得日益个性化、现代化，从而不断吸引文化创意人才与企业的聚集。与之同时，它还带来了高品位、高技术、高附加值的产品和服务，促进了经济产业结构的优化升级，使城市服务功能不断增强，为城市经济与社会的协调发展提供了新的动力。

（2）传统文化创意产业可持续发展的作用

①传统文化创意产业对人类社会可持续发展的影响。传统文化创意产业对人类社会的可持续发展有着重要的影响。

第一，极具创造力的文化创意不但能优化其他产业的产业结构，促进经济循环发展，同时还引导人们生活方式和消费观念的转变，对人们的价值观、人生观、发展观有着深刻的影响。

第二，传统文化创意产业的发展不以依赖能源消耗、环境污染为前提，有助于人类社会环境的可持续发展。因此，我们应以长远的眼光来审视传统文化创意产业的可持续发展，以系统化的思想作为指导思想，将整个地球、生物圈看作一个大系统，充分考虑我国的资源、环境以及国情，合理利用资源，大力推动自主创新，实现我国由"中国制造"向"中国创造"的转变。只有大力发展传统文化创意产业，坚持可持续发展，才能促进经济、社会、资源和自然环境的和谐发展，最终实现人的全面发展。

②传统文化创意产业自身的可持续发展。

第一，资源有限，创意无限。当前我们除了须积极培育文化创意、保持创新性外，也需要注重对文化创意资源的保护与整合开发，对文化创意产品进行宣传与包装，唯有内外相结合、内外都获得了提高，传统文化创意产业才能得以持续发展。加强对文化创意资源的保护与开发，提升资源的商品化品质，这也是传统文化创意产业实现可持续发展的重要方面。

第二，文化创意产品作为一种商品，也有着自身的价值与使用价值。这两种价值的外在表现形式不一，文化创意产品的价值主要外化于其高附加值的经济价值，而使用价值则更多地表现为满足了人们的精神需求的社会价值。经济价值与社会价值共同构成了文化创意商品的价值"含量"，两者相互联系，不可分割，抛开其中之一去谈及另外一个，传统文化创意产业就不会有可持续发展的可能性。

文化创意产品在社会中的作用是主要为人们的精神文化生活提供服务，因此，传统文化创意产业具有的社会价值主要来自文化本身的教化功能，所有个体在成长的过程中都会受到当时社会中文化环境产生的潜移默化的影响，在这种社会文化环境的熏陶下，人自然而然地会受到一定教化。文化创意产品中承载了相关的文化创意，所以，文化创意产品也自然而然地带有文化的教化功能。

文化创意产品本身的价值和文化创意产品的使用价值存在直接关联，一个文化创意产品，它的内在品位或内在价值直接影响整个产业的发展成败。

第三，文化创意产品或相关的服务活动体现出文化创意具有的观念，这种观念会指导文化创意系统的运转。因此，文化创意产品或文化创意服务活动，它向人们传递的是产品或服务体现出的价值观念，人们在精神方面的需求并不是产品满足的，而是产品或服务背后价值观念满足的。因此，从这个角度来看，传统文化创意产业的发展必须注重文化创意产品或服务体现出的文化创意观念，只有观念正确，传统文化创意产业才不会偏离正确方向，才能始终有积极向上健康发展的动力。

（3）我国传统文化创意产业可持续发展的选择

①营造有利于传统文化创意产业发展的氛围。

第一，注重知识产权的保护。知识产权对传统文化创意产业发展至关重要，如果企业想从文化创意当中获取经济价值，那么，必须让其成为知识产权，只有这样才能在后续的利用、开发过程中获得经济价值。

第二，传统文化创意产业发展需要良好的投资环境。文化创意是虚拟的抽象化的产品，如果想把虚拟产品变成真实产品，那么需要资金投入，这样才能实现产品的产业化。但是，当前我国传统文化创意产业明显没有构建出良好的投资环境，所以，当下政府要为传统文化创意产业构建出更好的融资环境。资金可以是政府财政提供，也可以是融资机构提供，还可以是社会集资，通常情况下，可以同时从这三个渠道获取资金，保障传统文化创意产业的稳定发展。

第三，优化当前的产业发展环境。产业发展环境的优化需要依赖于产业经营模式的创新，这样才能为产业发展带来全新的发展形态和全新的市场运作模式，也只有这样，才能实现传统文化创意产业未来的持续稳定发展。

为传统文化创意产业发展提供更优质的软环境：文化创意集聚中心要以更加开放、包容的姿态为文化创意人才营造良好的创作环境，保护文化创意人才，传统文化创意产业才可能持续稳定发展，才可能有源源不断的发展动力。

②瞄准市场定位，拓展产业空间。随着人们生活水平的提高，居民对文化创意消费的需求日益呈现出多样化与高端化的趋势，传统文化创意产业只有准确确定具体产品的市场定位，提供各种各样具有需求性的文化创意产品，才能保证产业的正常运作乃至扩大发展。

文化创意对传统产业的渗入恰恰迎合并催发了产业的结构升级，人才、制度、环境、创新等文化创意要素成为服务经济、创新经济发展的重要动力。在此背景下，发展传统文化创意产业就成为提升城市竞争力的重要途径，当然，传统文化创意产业自身的发展空间也得到极大拓展。

（二）基于地方的传统文化资源开发

1.传统地方文化资源的开发价值

在地方社会经济发展的过程中，传统地方文化资源保护的实用价值主要体现在积极的推动作用上。对传统地方文化资源进行保护，是一种承上启下、守先待后的文化使命和文化精神，保护它也是保护多样性的文化生态，也是每个中华儿女充分认识自己的有效途径，让本土和民族文化的原本价值得到保护，进而复兴和重构支离破碎的文化传统。

在开发和利用传统地方文化资源的过程中，对经济效益进行获取是一种常态化现象，无可非议，但不是首要目的，放在第一位的必须是文化资源本身和其中包含的价值观念。

2.地方文化品牌的开发

传统地方文化资源的活化是让它们的生命力、持续性不断增强的必要条件，对他们内部包含的发展脉搏和灵魂、生命之根和基因谱系进行追寻和探索，具体来说，便是让特定环境、特定人群的精神情感和价值理念共同形成的社会主义核心价值观贯穿传统地方文化资源，从源头上充分理解和认识传统地方文化资源。这是传统地方文化资源保护的基本内容，同时以此为前提和依据不断创新和发展，与文化的发展规律相统一，使传统地方文化资源拥有源源不断的活力和生命力，朝着更加科学和健康的方向发展。

遵循文化产业发展的规律和历程是传统地方文化资源以活态的形式存在的关键因素，具体来说，便是要求文化资源不断实现自己的文化服务和文化产品价值。开发利用文化资源所取得的成效、文化资源在文化市场所占有的比例多少取决于文化创新、创意能力的强弱。充分挖掘出当地生活方式和文化景观的文化潜力和文化价值，才能推动地方社会经济的迅速发展，不断增加和弘扬地方的文化软实力。所以，传统地方文化资源保护的有效途径和关键在于开发和培养地方文化品牌。

地方文化品牌开发和传统地方文化资源保护之间存在相互依存和相辅相成的关系，从本质上来说，开发是一种保护，保护是为了更好地开发。首先，对文化品牌进行开发必须以独特的传统地方文化资源作为依托和基础；其次，对传统地方文化资源进行科学的梳理，充分了解其中包含的各类文化资源属性，才能赋予地方文化品牌独特的魅力和价值。因此，书籍、声音和图像以及影像都是记录传统地方文化资源保护的重要形式和载体。

地方文化品牌开发需要充分发挥现代高科技手段的作用将传统文化的个性展现出来，与现代知识和理念相结合对传统文化的内涵和价值做出说明，通过商业包装、创新发展、市场运作等多样化的方式改造传统文化，推动传统文化的提升和升级，对新兴文化产业大力开发和利用，将新的生命力和活力提供给传统文化，加强各种类型文化之间的交流，最终实现保护传统地方文化资源和开发文化品牌。在这个过程中，要认真细致地分析和梳理文化资源，对其中具有较大可持续发展空间、产业化开发价值、产品市场容量和半径的文化资源，进一步明确它们的发展规模和开发力度以及投入力度。对那些代表地区的文化形象但不具备开发价值的文化资源，加强保护力度，避免过度开发和利用。

开发和利用传统地方文化资源，能让人们学习和掌握珍贵的文化资源和优秀的文化传统所包含的有益内容，了解和吸收文化资源中关于与自然和谐相处的内容。从这方面的作用来说，要在传统文化资源的基础上保护和开发传统地方文化资源，将更多创新色彩加入其中，让传统地方文化资源的发展与经济社会的发展保持一致。

3. 传统地方文化资源的开发模式

（1）传统地方文化资源的基础性开发模式。传统型开发是利用基础性开发模式开发文化资源的本质，这种模式对制造型文化产业和资源型文化产业较为适用，具体来说，主要分为针对节庆会展、主题公园和文化地产以及文化旅游开发等四大方面的开发模式。

①文化旅游开发模式。文化旅游开发模式是指将传统地方文化资源开发与旅游产业相融合，这种模式是开发传统地方文化资源的第一选择。文化的重要呈现方式之一是旅游，旅游的灵魂是文化。将文化旅游开发模式运用到传统地方文化资源开发的过程中，可以充分发挥文化的作用推动旅游内涵和质量的显著提升，同时利用旅游将文化的传播消费不断拓展，实现文化和旅游之间的双赢。为了对包括旅游演艺产品打造和文化旅游节等在内的文化旅游活动进行鼓励和扶持，相关主管部门和地方政府可以采取合作开展、资金补贴和优惠政策等多样化的方式，推动文化旅游产品和品牌的开发和塑造，对连锁品牌经营旅游度假区的行为进行鼓励和支持。

在传统地方文化资源开发的过程中运用文化旅游开发模式，该模式是从综合性层面对文化资源进行旅游开发，主要包括策划主题、组织活动、评估资源、产品组合、营造环境和分析市场等多个环节。

②主题公园开发模式。主题公园是以创意性活动方式作为基础而形成的现代旅游场所，其目的是让旅游者在休闲娱乐方面的多样化需求得到满足和选择。一般来说，主题公园是围绕特定的主题开展一系列的创意活动，基于高新技术、文化移植、文化产业和文化素质等方式，塑造出与园林环境相融合的虚拟环境，满足和迎合消费者的好奇心，在整个休闲娱乐空间和所有游乐项目中都有主题情节渗透其中。

主题公园开发模式对文化资源的开发具有多样化的类型，主要包括再现历史、绿色生态、微缩名胜、科技娱乐、文化展现、风情呈现等。其中，名胜微缩型主题公园随着人们不断提升的审美需求和迅速发展的经济社会，与社会和人们的需求不相符，逐渐被市场淘汰。开发文化资源类型的主题公园要在营造真实的文化氛围方面加强重视，以真实的历史文化作为重要依据和基础，推动保护性开发的适当实施，将主题公园的引导作用充分发挥出来，让人们对真实的文化和情境进行感受和体验，从而对历史有全面了解、深入解读和切身领悟。主题公园开发模式所体现出的文化资源体验价值具备立体性、主题性、空间感和情景化的特征，体验是主题公园的核心内容。设计与更新体验项目、再现和沉淀体验回忆、布置和渲染体验场景、构思和改变体验活动、凝练和提升体验主题、完善和优化体验服务等作为核心要素对主题公园的体验价值产生重要影响。

③节庆会展开发模式。在传统地方文化资源开发的过程中运用节庆会展开发模式，是指在一段特定的时间内，充分发挥传统节庆和定期会展作为平台和载体的重要作用和功能，从全方位和综合性角度整合挖掘区域文化资源，推动会展经济和节庆经济综合效益的获得和提升。

节庆会展具有多样化的功能，不仅在传播区域品牌和提升区域形象的过程中发挥重要的推动作用，而且还能提供企业展示和产品促销的平台。活动经济和事件经济是节庆会展开发模式的本质，以区域总动员的方式作为基础推动全方位整合的顺利开展，从综合性和整体性的角度配置区域的各种要素和资源，建立和完善价值网络效应，将产业的带动作用和经济的辐射作用充分发挥出来。节庆会展的设计和策划要与时代发展的主题和区域内的文化资源相结合，根本出发点是对传统地方文化资源进行高度有效的整合，最终目标是提升市民群众的参与感和顾客的体验感，从而推动服务品质的精细化和文化价值的内涵化不断发展和提升。

（2）传统地方文化资源的深度性开发模式。传统地方文化资源是一类创新型并且具有深度的开发模式，其发展模式有两种文化产业形式：内容型；生态型，又包含许多类型开发模式，如产品和科技创新、特色产业链和生态型博物馆以及文创小镇等。

①创意产品开发模式。对传统地方文化资源进行深度建设要和科技创新相结合，深挖文化资源的标志性符号和富有的精神文明体系，再利用多媒体资源包括舞蹈、影视和音乐等载体进行多样化的推广和宣传。文化资源系统里的创新产品开发具有可持续和可循环性。从基础层面去开发文化资源是要把服务当作核心、把空间作为载体的开发模式，而从深度层次去开发文化资源是要把产品作为核心、把渠道当作载体的开发模式。

建设创新型产品时要经历三个阶段：创新、生产和流通。从文化消费层面做市场调查，从对文化资源的发现转变成找寻文化产品的核心价值，引发创新思路，再对文化资源进行建设，把创意变得有形，资源转化为商品，同时根据市场需要再实行创意营销。

文化资源体系的创新产品建设又分成两种类型的开发模式：A.把本地文化资源作为导向；B.把外地文化资源作为引导。首先，把本地文化资源作为指导的创新型产品去建设时要在当地政府有关政策的帮助下，脱离覆盖区域诸方面的限制条件，组建一条开发路径即核心覆盖消费带到边缘覆盖消费带再到周围文化爱好者，以此路径作为准则去开发目标市场；其次，把外地文化资源作为引导的创新型产品去开发时要结合文化本身多元性外部机会，筛选出知名度较高的外地文化资源，组建一条把同类型创新产品作为前提又多元化的开发路径。

②科技创新开发模式。在建设传统地方文化资源时可利用科技力量，运用科技创新手

段起到引领文化创新的关键作用，彰显文化产业两大全新经济特征即科技含量高和附加值高。文化资源体系内的科技创新建设要遵循两个原则即市场牵引和应用推动，利用合成技术和创新形式，重组文化资源，兼顾产业发展，让文化科技相交融，推动文化资源的创新与发展、宣传与消费等的自动化和网络化进度，深度去发掘先进的传统文化以及蕴含的丰富底蕴，针对动漫游戏领域进行完善并升级，创建民族特色，让动漫游戏产业和虚拟技术能合成并应用到设计和制造等范畴。

传统地方文化资源建设利用科学技术，研发了许多通用性技术标准，如文化资源统一性标识、重点数据信息、目录系统和分类编码、数据替换和数据方法等，针对丰富的文化资源，组建了云计算平台，把文化资源进一步重组并共享。针对文化资源数字化要加强防护并充分利用，更主要的是要对众多文化遗产如文物和典藏、民俗和宗教文化等予以传承，重点去研发能让文化资源数字化进一步提升的核心技术，还要研制出一套运行模式，让文化资源慈善服务和商业规划互惠互利，把各文化体系的优秀资源进行整合，让文化资源数字化的两大服务即社会化运转和公共服务得以顺利展开。

③产业带开发模式。传统地方文化资源体系下的产业带开发是把传统地方文化资源作为开发目标、把文化产业汇集区作为开发形式、把繁荣地方文化产业作为宗旨的开发形式。传统地方文化资源是由一些特有的民族及经过沉淀后具有的特色而形成的生态型资源，同时也构成了历史人文及风俗人情资源。地方文化产业里包含了很多特色，如旅游文化、绘画工艺、艺术表演和节日展览会等。特色文化有很多独有的特点如生态型发展、区域型汇集以及大众生活性，其建设的形式须依靠产业地带、当地园区及特色分类区的空间形态，让区域内文化资源建设时实现互助并共享建设成果。重视跨区域合作并着重就地取材是特色产业带开发形式。

④生态博物馆开发模式。生态博物馆与传统收藏文物博物馆不同，它把优美的地理环境和人们日常生活的起居空间相连接，把一个特殊的整体空间当作没有任何阻挡的活生生的博物馆。对传统地方文化资源系统下的生态博物馆开发会本着保护的原则，在保护了原生文化资源的同时也维护了原生态的持续性发展，传统博物馆把对"物"的展示作为研究目标，针对一些大型建筑或文物古迹等，演变成野外型博物馆，把这些将被展览的目标汇集一起并划定一个范围，采用博物馆理念开展经营。

对大自然馈赠的动植物栖息地或是有历史渊源的城镇、名人居住地及历史遗迹，维持本来面貌方显其价值，"现场博物馆应运而生"。这类博物馆，其藏品不仅是对历史封存的记录，更多是展品本身的深层次文化，遵循一个原则就是自然与文化共同存在和全局保存，拿金字塔来说，如今已发展成多种博物馆形态，如考古遗迹、历史文物及情境博物馆。

⑤"文创造镇"开发模式。城乡一体化是把当今农业、工业和高科技技术融合在一起并共同发展的战略规划。在城乡一体化发展中共建一个大同社会是"文创造镇"的宗旨，其包含的特点包括：第一，重视基层创新，强调由下到上的创新推动；第二，重视产业联

合，兼容一、二、三产业的协调发展；第三，重视生态开发，强调智慧与智略并以人为本；第四，重视打造空间，全面考虑城镇的多元化属性如人、文、景、地等。"文创造镇"的目的就是汇集民众的力量，找寻发展城镇化的珍贵资源，使其成为建设和发展城镇化的重心，利用文化故事和底蕴来打造城镇化的特色品牌。

总之，"文创造镇"的主旨就是，从本质上出发，把中国汇聚上千年的农耕文化及质朴、淳厚的农村生活和快节奏、走在时尚前沿的城市生活融合在一起，营造一种细中有拙、返璞归真、时尚又不失文明、高雅又富内涵的全新生活方式。因此，我国发展传统文化产业的重心要围绕发展特色文化产业去展开。

第三节 科技创新助推传统文化产业转型升级

"现代信息技术的快速发展对传统文化产业在资源属性、要素配置、市场适应、经营管理和传播方式等诸多方面构成冲击，具有解构作用，但又有利于传统文化产业进行转型升级，在同其他文化产业的竞争中求生存求发展"。[①] 我们应充分发挥科技创新在传统文化产业转型升级中的作用，壮大传统文化产业，打开传统文化产业发展新局面，以提升社会经济发展水平。

在对外开放加深的背景下，我国取得了一系列经济建设成果，但是社会环境遭受到了破坏，资源日益减少，不利于促进社会可持续发展。为落实可持续发展战略，促进人与自然和谐发展，转型升级产业成为必然发展趋势。传统文化产业也不例外。为助力传统文化产业转型升级，有必要依托科学创新释放传统文化产业内生动力，保障传统文化产业转型升级效果。

科技创新是指以知识与技术为基础的两个层面的创新。从知识的角度分析，是人类在发展的过程中总结的自然现象与规律；从技术的角度分析，是人类在发展和改造自然的过程中创造的新器械。通过在知识与技术两个层面进行创新，将会为社会发展注入生机与活力，促进社会健康发展。

传统文化产业转型升级是指在原有的传统文化产业的基础上进行转型与升级发展，使传统文化产业符合当代社会发展要求。在研究传统文化产业转型升级内涵时，要重点分析转型、升级内涵。转型即经济的整体模式发生改变，侧重于发展绿化、集约化经济；升级即从产业的类型、内容等方面进行升级，便于构建新的产业体系。通过转型升级传统文化产业，可以彰显传统文化产业魅力，弘扬传统文化。

---

① 李喜云，徐丽.现代信息技术对中国传统文化产业的双重影响及应对之策［J］.云南社会科学，2019（03）：76.

一、科技创新与产业转型升级作用

（一）科技创新是产业转型升级动力

产业是按照一定的发展规律进行发展的。在不同的发展生命周期内，产业的发展状态存在差异。而在科技创新的推动下，就容易提高产业生产力，开发出新的产品，保证产业可持续发展，强化产业发展经济效益。可见，科技创新是产业发展的动力。因此，我国十分重视科技创新发展，以此更好地促进产业发展。

（二）影响产业转型升级的内在机理

在与产业发展相关的技术取得突破性进展，抑或是与产业发展相关的创新能力增强的情况下，产业的发展速度将会加快，产业的发展质量将会明显提升。在多种因素的作用下，产业在发展的过程中会遇到一定的问题。不过，通过依靠科技与创新，就容易提高产业发展问题解决水平。在产业发展的过程中，产业链上游、下游等也将获得发展，而在相关效应的影响下会形成一种新的产业集群，进而使得产业向更深的层次发展，这样我国的产业结构将会发展变化。

二、科技创新助推传统文化产业转型升级的路径

（一）高新技术优化传统文化产业的产品结构

高新技术可以优化传统文化产业的产品结构，使传统文化产业焕发生机与活力。研究发现，高新技术优化传统文化产业产品结构的方式共包括两种：

（1）提升初级传统文化产品的文化价值。在优化初级传统文化产品的过程中，要大胆跳出原来的思维框架，扩宽思路，为初级传统文化产品注入新的文化元素，使得初级传统文化产品向高级传统文化产品转型升级。通过对初级传统文化产品进行转型升级与改造，可以大幅提升其文化价值。

（2）丰富传统文化产品的物质载体。在高新技术下，会丰富传统文化产品的物质载体，使传统文化产品的呈现方式发生变化。以古代书籍为例，在应用高新技术后，古代书籍可以以图像、视频、文字数字化资料等多种形式呈现。

（二）高新技术助推传统文化作品数字化改造

随着社会发展，数字技术的发展水平不断提升。在新的发展时期，各大领域积极地研究数字技术，将数字技术与自身工作进行了深度结合，形成了智能化、数字化的发展形态。传统文化产业在数字化技术快速发展的背景下既面临着发展机遇，又面临着发展挑战。要紧紧地抓住数字化技术发展机遇，对传统文化产业进行科学的升级改造。

通过研究传统文化发现，传统文化以两种形式存在：①有形的传统文化。有形的传统文化是指以某种事物存在的物质类型的文化，比如长城、故宫等；②无形的传统文化。无

形的传统文化是指以精神为核心的文化，比如京剧、豫剧等。在现代社会下，利用数字化技术将传统文化进行数字化，最终形成了图片、视频等资料。通过把传统文化数字化，可以更好地保存传统文化，展示传统文化，发展传统文化。为发挥传统文化对精神文明建设的价值，应合理把握传统文化作品的数字化改造工作。

数字化改造的传统文化作品是凝聚着中华儿女的智慧，蕴含着悠久的历史，不仅是我国的宝贵财富，而且是世界的宝贵财富。名胜古迹属于传统文化的具体体现。由于名胜古迹历经多个朝代，跨越了千年、百年，是值得当代人参观、研究的。通过将名胜古迹进行数字化改造，人们即使不在现场，也可以利用数字化技术参观名胜古迹，感受名胜古迹的艺术魅力，体会名胜古迹中蕴含的文化，进而有效地传承与弘扬传统文化。与此同时，人们可以研究关于名胜古迹的数字化资料，提高对名胜古迹历史价值、文化价值等各个方面的认识。从中可以得知，对传统文化作品的数字化改造的重要目的是保证传统文化作品的资料的完整性，促进传统文化传承与发展。为增强传统文化作品的生命力，发挥传统文化作品的当代价值，应明确传统文化作品数字化改造目的。

三、科技创新助推传统文化产业转型升级的优化策略

（一）明确传统文化产业新业态的培育导向

传统文化产业新业态的培育及发展包括众多事项，为做好传统文化产业新业态的培育及发展工作，需要明确培育及发展导向，科学指引传统文化产业发展。

1. 引导传统文化产业增加科技含量。在科学时代下，应不断地增加传统文化产业的科技含量，确保传统文化产业呈现新的形态。为实现该目标，有必要构建关于增加传统文化产业科技含量的奖励机制，激发相关人员深层次发展传统文化产业的积极性，保证传统文化产业更加科技化，提高文化产品价值。

2. 加强传统文化产业区域集群。单靠某一个主体发展传统文化产业，并不容易在短时间内提升传统文化产业发展水平。通过形成传统文化产业区域集群，可以集聚传统文化产业发展资源、智慧，确保传统文化产业实现优势互补，为传统文化产业发展提供内在动力。在加强传统文化产业区域集群的过程中，应注重对产业进行横向重组、纵向重组。前者可将产品、市场、技术等进行重组，形成产业发展优势，提高产品在市场中的竞争力；后者可将与文化企业相关联的上下游企业进行重新组合，畅通文化产品流通渠道，加快文化产业发展速度。

3. 引导及培养新型文化消费观念。为激发传统文化产业发展，及时形成传统文化产业发展新业态，需要引导及培养新型文化消费观念。其中，需要大力宣传传统文化产品的历史价值、文化价值、社会价值等，提高消费者对传统文化产品价值的认识，刺激他们的消费欲望。消费者在不断购买传统文化产品时又会刺激传统文化产业发展。

（二）构建传统文化产业的新业态体制框架

为有条不紊地促进传统文化产业转型升级，确保传统文化产业形成新业态，应构建基于传统文化产业的新业态体制框架，便于科学指导工作。主要从以下两方面研究构建基于传统文化产业的新业态体制框架的要点：

1. 设立一个专门的机构，为传统文化产业转型升级以及形成新的发展业态保驾护航。现如今，传统文化产业处于发展的状态。为给传统文化产业发展创设一个良好的环境，应设立一个专门的机构，专门负责传统文化产业发展建设以及管理工作。在设立了专门的机构后，就可以为相关部门分配工作，防止出现传统文化产业管理乱象，切实保护与促进传统文化产业发展。

2. 制定全国统一的传统文化产业促进法。法律法规具有约束作用，在法律法规的制约下，传统文化产业发展会愈加规范化。而通过制定全国统一的传统文化产业促进法，就可以为传统文化产业发展构建优质的发展环境，保证传统文化产业发展创新工作的有序推进。

此外，在全国统一的传统文化产业促进法下，政府各部门也将会积极地落实工作。

（三）实施人才培育工程

传统文化产业转型升级离不开人才的支持。为提高传统文化产业转型升级水平，需要构建优秀的人才队伍，为传统文化产业转型升级提供技术以及创新支持。

1. 为保证文化人才培养效果，应构建协同育人机制

学校、企业、政府则需要配合开展文化人才培养工作。从学校的角度来讲，需要设置与传统文化产业转型升级相关的专业，为专业建设、发展提供人力、物力、财力等各个方面的支持，便于强化人才培养效果。

从企业的角度来讲，需要联系学校，与学校建立合作关系，为学校文化人才培养提供实践资源支持，同时，可以与学校签订文化人才培养订单，满足自身对优秀文化人才的需求。从政府的角度来讲，需要构建文化人才培养支持系统，为学校与企业的文化人才培养提供可靠的支持。

2. 优化传统文化产业环境

通过优化产业环境，有利于促进文化人才成长，进一步提高文化人才工作能力。

（1）制定科学的绩效考核制度，明确绩效考核标准，全面地考核文化岗位员工，督促他们成长与发展。

（2）畅通晋升渠道，调动他们参与传统文化产业转型升级工作的积极性，充分发挥他们的价值，帮助他们实现自我价值。

（3）建立"以岗定人"机制，根据岗位要求、职责等，选择员工从事岗位工作，以此提高工作水平。

第四节　手机媒体对传统文化产业的整合与创新

手机媒体的出现加速了无线数字技术从手段和工具向内容和文化的战略转移。手机媒体对文化产业的影响是多方面、深层次的，从内容整合方式到文化产业的核心层，从业务服务创新到文化产业的外围层，从市场再造途径到文化产业的相关层。这些影响不但改变和创造了新的消费需求，引起文化投资结构着力点的变化，而且使移动信息技术渗透到文化产业的整个过程，从而极大地推进了文化产业结构的调整与升级。

当今世界各国抓住技术变革及其与文化产业融合发展的机遇，应对国际文化产业领域的挑战，把加强文化建设，积极推动本国文化产业发展，维护国家文化安全，作为重要的国家发展战略。由于移动通信技术的发展演进，手机不断丰富着自身的服务类型与文化内涵，从一种简单的语音通信工具，延伸扩展为集文字信息、文化服务和视听娱乐等为一体的复合型传播媒介。特别是 5G 时代的到来，标志着移动通信从以语音为中心的时代向以移动数据业务为中心的时代转移。这些变化使手机媒介在文化产业领域得以深度参与，文化产业与手机媒体高度联姻，手机媒体在与文化符号整合互动的过程中不断丰富着自身的服务类型与文化内涵。与此同时，手机媒体也在不断地推动文化产业的更新与调整，使文化产业获得迅捷、高效的发展。手机媒体影响并改变着文化产业，为文化产业拓展了新的发展领域。

一、手机媒体改变文化产业的内容整合方式

（一）整合核心内容，方便大众消费

文化产业核心层与手机媒体进行组合式创新，开拓出新的文化业态与盈利模式，拓展了文化产业的横向发展空间，如文化产业核心层的电视、报纸、动漫和出版等传统文化业态与手机新媒体融合，产生了手机电视、手机报、手机动漫和手机出版等新文化产业形态。由于手机比报纸更灵活，比电视更便捷，比互联网更普及，所以，这些文化新兴业态的服务方式和消费方式与传统业态相比发生了较大的变化。

手机媒体这一全新的数字化传播方式，降低了人们获得高满意度文化服务所须付出的时间代价、精力代价，从而获得人们的喜爱。手机与传统媒体结合，其效应不是在做加法，而是在做乘法。因为传统媒体、传统阅读形式无法去挖掘一些碎片时间、无聊时间和等候时间，但手机可以。所以，手机与文化产业核心层结合后，能够产生一个非常明显的放大效应。

从核心层内容的欣赏方式上，手机的传播移动革命使得受众审阅时空得以重建，其主要表现：①在时间节奏上。手机媒体占据受众的是碎片化的日常时间，而非仪式化的节日

时间；②在空间结构上。手机文化产业只需近距离的掌面空间，而非远距离的墙体式空间；③在欣赏状态上。手机动漫适合漫不经心的把玩式欣赏，而非沉浸式的深度投入。这些主体阅听方式的多层面变迁导致了传统文化产业核心层的内容形态改写，不仅在传播方式上进行了移动革命，还在内容本体层面、内容特征、审美时空、文化观照等方面对文化产业核心层的内容整合方式产生了深刻影响。

（二）改变核心层内容创作与生产方式

手机媒体革命的意义不同于人类历史上的任何一次传播革命，文字、书籍、电影、广播、电视的诞生改变了社会文明的传承与传播形态。而手机完全开启了个人随时随地传播、创造、学习信息的时代，手机成为媒体，使得网络打破了时空障碍。

通过手机媒体，人们可以进入互联网，可以自由创作内容并通过手机上传到网络空间或者相互进行传播，创造了巨大的市场和收益。手机媒体拉近了文化创造者、内容生产、市场流通诸因素之间的距离，不仅增强了文化产业核心层的内容互动，也改变了文化产业核心层面的内容创作方式。手机凭借成本低廉、传播及时、使用方便的优势，取得了爆发式的增长。

（三）反哺核心内容创作

手机文化产业初始是依托文化产业而发展起来的，但它的内容创作很快走出了对传统文化产业内容的依附，成为一种具有独立特征的文化形态，并在自身发展的同时开始反哺传统文化产业核心层面的内容创意。通过手机媒体传播后得到大众认同的"微"文化，可以反哺传统文化产业核心层的内容创新，从而扩大生产，再进行市场推广。因此，受众是文化产业得以发展的重要基石和原动力，没有受众，就没有文化事业和文化产业的兴旺。

手机媒体具有分众、全时性传播的特点，传播效应较传统媒体为佳，这就会让许多易于通过手机媒体进行传播的文化能够很快得到人们的认同和喜爱。如此一来，我们可以通过手机媒体进行消费文化的市场培育，把计划生产和打造文化产品的内容创作成适合于手机传播的形态，进行广泛的传播。

随着受众的增多，影响力不断增强，再将"走红"了的内核文化从深度和广度等多维度进行产品打造，从而拓展市场。另外，还可以收集经过手机传"红"了的、大众喜欢的"微文化"或"微内容"，作为传统文化产业核心层内容的创意元素和素材生产出大众喜爱的文化产品，这也可以赢得广泛的市场。

二、手机媒体促进文化产业的业务创新形态

科学技术和文化内涵结合起来的文化产业，正在从一个大众化的批量市场转向一个多元化的服务市场，使文化消费和服务的范围不断扩大，适用性不断增强，更多的价值元素被注入。手机媒体在文化产业核心层创造巨大产值的同时，也为外围层的网络、广告产业

等方面带来新的赢利机遇。

1. 手机媒体推动了手机网络数据业务的发展。近年来，移动通信网络在全球得到了全面部署，各种移动数据业务相继推出，产业链建设进程不断加快，手机短信、WAP 等业务不断丰富网络媒体的外延，成为互联网的新型增值渠道。

2. 手机媒体催生并发展了手机广告业态。在手机逐步成为人们工作生活必需品的过程中，凭借庞大的受众资源与多媒体的信息展现方式，手机广告逐渐进入人们的视野，进而手机成了商家投放广告的媒体。

作为传统广告与移动电话嫁接后的产物，手机广告具有针对性强、覆盖面广、传播迅速、交互效果好、可准确统计测量、直接实现交易的优势，成为运营商、传统媒体、广告主、商家共同关注的焦点。从全球范围来看，许多发达国家或者发展中国家都在逐步建设以移动运营商为主导、以广告经营企业为主体，覆盖广告主、手机用户以及内容提供商、服务提供商等众多环节的手机广告产业链，并且初具规模。

3. 手机媒体衍生了手机信息服务业态。手机短信作为文化产业核心层面，是手机媒体出现后的新兴业态，目前已成为全球最快捷、最方便接收信息的方式，越来越成为人们沟通信息的最佳和最普及的手段。除了沟通和交流，通过手机短信接收最新的市场行情，把握商机已经成为越来越多的商家的首要选择。这种方式诞生了手机信息服务产业，提供方在深度分析市场的前提下，结合不同的客户要求，推出市场信息业务，专门设计人性化和个性化的市场信息发送模式和信息内容，让客户第一时间获取真正需要的商业和市场信息。

此外，以短信服务为中心的火车票预订、便携式电视、酒店搜索、图书馆信息反馈等手机附加服务也相继问世。目前，中国的手机服务正处于从只要通话就行到除通话之外还需要多种功能的过渡时期，今后还将出现各种各样的信息服务。如果新推服务像短信服务一样能准确把握收费体系和用户心理的话，那么对移动内容企业来说，手机大国中国将成为一个极具魅力的市场。

三、手机媒体拓宽文化产业的市场再造途径

手机媒体通过前向效应，例如，旅游景点作为文化产品，当游客消费时，消费的不是旅游景点本身，而是旅游景点的景色风光和文化体验感受；

（一）带动了手机网络技术设备市场

网络建设上，手机媒体的发展不断催生新的高速率应用业务，促使原有技术的升级与网络设备的更新换代。手机文化产业不仅带动了手机网络技术和设备的开发与市场应用，还带动了诸如电视台应对手机电视、广播等的技术设备的开发以及市场运用。从手机电视网络来看，手机媒体带动了一个巨大的技术设备投资市场，把文化产业的投资链条拉得更

长了，也更生态了。

（二）促使研发投资与销售市场

手机媒体介入文化产业，如前所述提供了广泛的文化服务种类，要实现这些文化服务必须借助终端的技术支持。便出现了两种情形：①要求对手机终端技术进行投资研发，以寻求更好的终端技术支持和配合文化服务的接收；②终端厂商希望了解并结合目前文化服务与业务种类的发展需求，开发出适合市场需求的终端产品，从而激发消费者的购买欲望。由此可见，手机媒体与文化产业的融合催生了移动互联网"终端＋业务"一体化模式。随着移动通信与互联网产业融合加速，消费者对移动智能终端的需求不断升级，未来移动"终端＋服务"的模式已经成为产业融合的趋势所向，逐渐成为终端市场发展的主流，给用户带来全新的使用体验。

总之，手机媒体化，为我国文化产业扩大产业生态格局、克服自身结构性矛盾、实现超常跨越式发展带来了新的契机。为此，我们需要在尊重手机媒体与文化产业的自身特点、发展规律的基础上，多角度全方位地分析研究二者之间的联动关系，这对我国文化产业的发展具有前瞻性的指导意义。

参考文献

［1］曹海峰.全球化视域下文化认同建构与文化产业发展研究［J］.大连理工大学学报（社会科学版），2019，40（01）：58-64.

［2］常聪.中国优秀传统文化的世界价值初探［D］.北京：中国青年政治学院，2019：10-42.

［3］陈劲，斯亚奇，谢芳.企业知识产权价值实现的动态选择［J］.科学学与科学技术管理，2011，32（11）：42.

［4］陈俊秀.传统文化传承主体的自我激励与长效激励［J］.学习与实践，2020，（12）：108-114.

［5］陈莉.文化认同：中华优秀传统文化传承和发展的内在动力［J］.山东社会科学，2020（07）：56-61.

［6］陈念，郭竹.中国优秀传统文化创造性转化与创新性发展的理路［J］.四川文理学院学报，2021，31（04）：52-57.

［7］陈晓燕，侯赞华.中国传统文化的创造性转化与创新性发展路径初探［J］.文化创新比较研究，2021，5（15）：21-24.

［8］丁默.优秀传统文化传承体系的建设研究［J］.文化产业，2021，（34）：106-108.

［9］丁勇.孔子教育思想及对当代特殊教育的启示［J］.现代特殊教育，2021（19）：4.

［10］范周.数字经济变革中的文化产业创新与发展［J］.深圳大学学报（人文社会科学版），2020，37（01）：50-56.

［11］高玉敏，马亚敏."文化+"：推动传统文化资源实现创造性转化、创新性发展［J］.四川戏剧，2020（10）：185.

［12］顾慧慧.中国传统文化的创新性发展研究［D］.喀什：喀什大学，2020：15-34.

［13］郭继文.自强不息：中国传统文化的优秀基因研究［J］.山东农业工程学院学报，2016，33（05）：124.

[14] 何姝頔. 文化强国视域下中国传统节日文化的价值研究 [D]. 南充：西华师范大学, 2017：21-37.

[15] 黄旦. 试说"融媒体"：历史的视角 [J]. 新闻记者, 2019（03）：20.

[16] 霍帅. 新常态下中国优秀传统文化传承研究 [D]. 新乡：新乡医学院, 2017：21-26.

[17] 金燕, 李明. 论手机媒体对传统文化产业的整合与创新 [J]. 新闻界, 2012（13）：65-68.

[18] 李舒, 张寅. 创造性转化与创新性发展：中华优秀传统文化的时代方位 [J]. 中共青岛市委党校青岛行政学院学报, 2022（01）：5.

[19] 李土生. 复兴民族文化重塑汉字价值 [J]. 汉字文化, 2013（1）：9.

[20] 李喜云, 徐丽. 现代信息技术对中国传统文化产业的双重影响及应对之策 [J]. 云南社会科学, 2019（03）：76.

[21] 刘辉, 张军龙. 利用新媒体拓展传统文化传承和创新的路径 [J]. 中州学刊, 2021（08）：83-88.

[22] 刘恪铭. 传统文化与文化产业融合发展的理论和路径探讨 [J]. 新闻研究导刊, 2020, 11（17）：219-221.

[23] 莫代山. 少数民族优秀传统文化数字化技术传承研究 [J]. 中华文化论坛, 2018（01）：67.

[24] 曲博文. 习近平对中国传统文化当代价值及发展路径的战略思考论析 [D]. 长春：东北师范大学, 2020：17-22.

[25] 宋美司. 科技创新促进传统文化产业转型升级 [J]. 文化学刊, 2021（10）：20-23.

[26] 唐林林. 中国传统文化的当代价值研究 [D]. 南昌：江西师范大学, 2016：10-38.

[27] 王超阳. 传统文化的信息可视化设计研究 [D]. 太原：山西大学, 2019：8.

[28] 王海燕. 关于传统文化与学校教育的思考 [J]. 文学教育(下), 2021（10）：134.

[29] 王虹, 张烨. 新时代文化产业发展问题探究——以洛阳和景德镇文化产业的比较为例 [J]. 四川戏剧, 2018（04）：55-60.

[30] 王经绫. 传统文化产业的发展："第三意大利"的发展模式及其对中国的启示 [J]. 世界民族, 2019（06）：92-105.

[31] 杨学印. 论中国传统文化的基本特征 [J]. 辽宁教育行政学院学报, 2006（03）：37.

[32] 仲敏. 融媒体对传统文化传承的作用及路径研究 [J]. 新闻研究导刊, 2021, 12（08）：242-244.

［33］左惠.文化产业数字化发展趋势论析［J］.南开学报（哲学社会科学版）,2020
（06）：47-58.

［34］孙慧良,梁倩.汉字艺术在文化创意产品设计与开发中的研究［J］.家具与室内装
饰,2020（12）：86.

［35］崔亚超.论传统文化"双创"的时代指向与机制再造——以陈亮文化的传承与发展
为例［J］.文化创新比较研究,2020,4（32）：4.